# De Fatness para Fítness

*O guia completo para a perda de peso, ganho de massa muscular e condicionamento físico*

Almir Andrade

# DE FATNESS PARA
# FITNESS

O guia completo para a **_perda de peso_** ganho de **_massa muscular_** e **_condicionamento físico._**

ALMIR ANDRADE

Este livro vem como um guia de experiências e vivências do autor, embasado em conhecimento adquirido e estudos disponíveis na literatura. Ao qual suas ideias expostas têm como único objetivo o entretenimento. Todas as ideias mostradas aqui podem ou não serem seguidas pelo seu leitor. Ao começar a se exercitar procure sempre um profissional de Educação Física para o melhor desenvolvimento de suas atividades, assim como para toda e qualquer dieta, procure antes acompanhamento de um profissional de nutrição.

Este documento possui erros ortográficos, assim como concordância e digitação. Devido apenas ter passado por revisão simples. Pedimos desculpas e agradecemos a compreensão. Boa leitura.

*As mulheres da minha vida,*
*Maria, Priscila e Laura.*

# Apresentação

Olá! Meu nome é Almir Andrade, sou profissional de educação física, Coach Fitness de Emagrecimento e condicionamento físico, Instrutor de Pilates, estudioso sobre o Treinamento de Força, Musculação e entusiasta do Fisiculturismo. Tenho 32 anos e mais de 20 anos na batalha contra um inimigo muito conhecido em todo o mundo, o Sobrepeso.

Nessa batalha de sedentário e obeso com 120kg à assíduo rato de academia com 80kg e taxa de 12% de gordura, isso em 8 meses de dieta e treino pesado. Mas você vai se perguntar e porque não perguntaria o que me qualifica a escrever um guia de como emagrecer? E eu te respondo, não é apenas por ser um professor de Educação Física e ter experiência de emagrecer em um curto período de tempo, pois hoje nesse momento eu peso em torno de 112 Kg (*após quase bater 130kg*), e sim pela minha trajetória de vivência, estudos teoria e prática. Por mais de duas década já fiz dietas controladas, diversos tipos de treinamento físico, já pratiquei lutas, já fui bem condicionado, mal condicionado, fumante, sedentário, já cortei carboidrato, já cortei proteína, já cortei gordura, passei por nutricionistas, médicos, endocrinologistas, médicos do esporte, emagreci e engordei incontáveis vezes e hoje depois de toda essa bagagem e todo engajamento necessário posso dizer que estou apto a transcorrer essa experiência a você de uma forma clara e sincera, onde meu objetivo é ensinar que é possível sim alcançar o seu objetivo e o sonho de emagrecer, perder gordura com saúde e qualidade de vida, alcançar o sonho de sair de Fatness e se tornar Fitness. Afinal de contas não é somente um processo, mas sim um "*lifestyle*". Legal Almir já entendi, mas e aí o que faz esse manual diferente dos milhares demais que existem por aí? E a resposta é, nada, pois emagrecer não é segredo para ninguém, muito menos para aqueles que já passam por esse processo tentando a muitos anos, porém o que eu deixo aqui é um material vai te guiar em todo essa "Odisseia", de forma a entender o mais importante no processo entender o seu corpo, conhecer a si mesmo e aos mecanismos do funcionamento dos mecanismos necessários para manipular o seu fisiológico e principalmente, o seu psicológico. Preparando a sua mente e corpo, pois para emagrecer é preciso não somente mudar o seu prato, mas o seu estilo de vida psíquico, físico e social.

E para você que está apenas um pouco fora do peso, este livro vai te ajudar a alcançar o condicionamento físico almejado e até mesmo se o seu objetivo for apenas qualidade de vida. Além disso, ao final deste livro você vai encontrar um bônus, onde ensina como pensar e organizar seus treinos, como usar a musculação e o treinamento aeróbico ao seu favor para um corpo fitness e definido sem aquele efeito "*sanfona*" muito conhecido e indesejado. Além de tudo que os atletas de fisiculturismo utilizam e você possa utilizar ao seu benefícios, afinal de contas os fisiculturistas são as pessoas que mais manipulam massa muscular e gordura.

# Capítulo 0 - Mais que um "*conceito*". Fatness à Fitness: Seu novo estilo de vida

Bem-vindo ao seu novo estilo de vida!

Muitas das vezes, meus alunos me questionam o que é preciso para emagrecer de uma vez por todas e por fim me deparo em uma situação em que a primeira pergunta é; "*O que você está disposto a sacrificar para emagrecer?*". Eu sei que essa pergunta pode até assustar, mas vai por mim ela é crucial para atingir o seu objetivo. Muitas vezes nos deparamos com situações que exigem mudanças decisivas para o caminho que iremos trilhar daqui para frente, seja em um relacionamento amoroso, mudar de casa ou de país, escolher a sua profissão. Situações que mudam nosso estilo de vida diretamente, e emagrecer não é diferente. Aliás, para quem tem sobrepeso não é somente perder peso e sim mudar de vida.

A palavra "*fitness*", em seu significado literal, tem a ver diretamente com o bem-estar na forma física. Porém conceitualmente acabou se convertendo em algo até então negativo, voltado diretamente aquelas pessoas super malhadas com corpos secos (baixa gordura corporal), bem definidos com músculos torneados e a mostra, uma alimentação extremamente regrada e uma forma explorada pela mídia nem sempre ligado a saúde, mas sim a parte mais "estética". O que criou na sociedade uma aversão direta a esse conceito, onde muito se colocava como a não aceitação do "eu". A realidade é que se pensarmos no conceito de saúde, hoje podemos colocar saúde como o bem-estar físico, psíquico e social. Então cuidar do "físico" também faz parte da saúde, claro, para tudo temos extremos o ser humano é "cheio" de extremos. O que precisamos saber e dosar isso. Se permitir perder peso não significa não se aceitar, eu aceito, mas preciso perder peso, não é por almejar algo ilusório me punir por estar com sobrepeso, repudiar o meu corpo. Não, muito pelo contrário o emagrecimento é um processo de causa e reação, ajuda na autoestima, na qualidade do meu sono, no meu estilo de se alimentar e sim tem benefícios estéticos. Muitas pessoas já nascem com processos fisiológicos onde o ganho de massa seja magra ou gorda é maior a chamada genética. Isso significa que não quer dizer que a pessoa come "*fast-food*" todo dia, é viciada em "*junk-food*" e que tudo na vida que ela faz é comer. Desde minha infância, percebi que por ter um sobrepeso ou me relacionar com pessoas que têm sobrepeso como eu, a visão dos outros colegas, sejam amigos ou não, eram brincadeiras no estilo; "*olha lá vai comer todo nosso lanche*", "*esse deve comer a comida toda de casa*". A sociedade traz consigo a visão do ser com sobrepeso, uma visão deturpada onde aquela pessoa não se cuida, come mal, não pratica exercícios físicos, e isso é errado. Por mais que esses processos influenciam no ganho de gordura corporal, muitos têm dificuldades quanto à perda de peso e por esses motivos, mesmo com hábitos saudáveis acabam por ter maior sobrepeso. E muitas vezes essa visão deturpada pode afetar a parte psicológica onde certas situações fazem com que a pessoa não tenha uma vida saudável. É se entregar. Mas, algo que sempre digo a qualquer aluno é que, a genética funciona muito melhor no sentido de traços corporais, calvície, altura. Mas ela muda com o envelhecimento, principalmente por nosso corpo estar em constante mudança, e os efeitos de produção hormonal, perda de massa magra e o principal "estilo de vida", vão afetar diretamente o ganho de gordura. Isso significa que pode realmente aquelas pessoas que dizem *"comer de tudo e não engordar"*, mas a tendência geral é sim ter sobrepeso. Não é por menos que hoje, de acordo com a Organização Mundial da Saúde (OMS), cerca de 2,3 bilhões de pessoas no mundo estão com sobrepeso ou são obesas. Mas isso é algo a ser mais explorado. Sabemos que a cultura mudou, a forma de socializar, de trazer prazer a nossas vidas tudo é diretamente ligado a comida. Ainda de acordo com a OMS em 2019, 150 milhões de crianças já foram diagnosticadas com sobrepeso. Não é difícil de entender esse quadro quando pensamos que fotos em redes sociais com pés de bebês gordinhos ganhem tantos "likes". Como é fofinho né? Pois é. Uma vez, quando debatíamos em aula sobre essa questão, um dos professores mais conceituados da área da fisiologia humana falava sobre como o ser humano mudou seu estilo de vida, como comer comidas rápidas ou pré-prontas e o sedentarismo predominante. Foi então que eu perguntei: "Será *que isso já não faz parte da evolução humana?"*, por um momento ele chegou até se engasgar para responder à pergunta. Para ele era impossível enxergar que talvez isso já estivesse dentro do escopo da evolução humana. Eu não duvido, em 1968 o filme 2001: uma odisseia no espaço de Stanley Kubrick, colocava o ser humano como um ser evoluído a sua alimentação eram "pastas coloridas" preparadas em um micro-ondas, com todos nutrientes necessários, simulando até o gosto de comida de verdade. Mas sabe por que isso não funcionou? Apesar da praticidade e da tendência de se produzir industrialmente cada vez mais alimentos ao invés de cultivá-los, o poder visual ainda tem grande influência sobre o ser humano e o poder de venda também. Então uma bomba calórica em formato de algo super saboroso é muito mais vendável que uma "ração" que vai atender todas proteínas, carboidratos e gorduras necessários numa dieta balanceada.

Ao colocarmos tudo isso em pauta é fácil entender que não é somente um conceito, perder peso e emagrecer tem que ser o seu estilo de vida. E é aqui que tudo começa, não é ficar magro ou deixar de ser gordo e sim mudar, deixar de ser "Fatness" e enxergar o "Fitness", como uma forma de pensar e agir para sua vida. Afinal de contas se chegamos até aqui é porque algo lá atrás não funcionou e logo pelos capítulos deste livro vai perceber que não basta somente emagrecer, pois perder peso é um processo simples, mas se manter ativo e com saúde é muito mais que isso. Tem que ser levado para vida, tem que ser o seu estilo de vida. E que esse processo vai servir não somente para perda de peso, mas para alcançar todos os seus objetivos. Preparado para mudar? Tenho certeza que sim e inicialmente "Parabéns" pelo seu primeiro passo.

# Capítulo 1 - Emagrecer é Fácil

Emagrecer é fácil.

O nosso corpo foi feito para sobreviver, para isso consumimos carboidratos, proteínas, gorduras e outros nutrientes nos quais são metabolizadas e transformadas em energia, as chamadas kcal (quilocalorias). Para sobreviver precisamos dessa energia, quer dizer mesmo que não façamos nada ou seja ficarmos sentados no sofá sem se mexer, nosso corpo precisa de uma certa quantidade mínima de energia para manter tudo funcionando corretamente, o que chamamos taxa metabólica basal. Porém a energia não usada é estocada em formato de gordura no corpo. Legal então já sabendo disso, consultamos um nutricionista, passamos por uma balança de Bioimpedância e vamos saber a nossa taxa metabólica basal que é o quanto nosso corpo precisa mínimo de kcal diário. Assim a regra é simples, se meu corpo precisa de um tanto de kcal para sobreviver e diariamente eu consumir menos automaticamente meu corpo vai ficar "devendo" o tão falado *déficit* calórico. Assim o que resta é compensar o que precisa com a reserva, certo?! Maravilha tudo certo, eu comi menos do que meu corpo precisa, ele vai necessitar compensar o restante, assim ele pega o que está estocado, transforma em energia e aí eu perco gordura, assim perdendo peso, logo emagreço. "Tá" vendo não é difícil, emagrecer é fácil! E eu te digo é sim! Apesar de nosso corpo ser muito comparado com uma máquina, o que a meu ver faz muito sentido, certos "mecanismos" não necessariamente irão funcionar como deviam, ou pelo menos como gostaríamos que funcionasse. Muitas vezes, e isso posso dizer por experiência própria, assim diversos aspectos intrínsecos e extrínsecos afetam o funcionamento de nosso organismo. Por isso, quando falamos em perda de peso e emagrecimento, temos que analisar e entender todos os aspectos e processos necessários, são etapas nas quais farão toda a diferença para chegar ao objetivo.

Entender como nosso corpo funciona é o que vai fazer totalmente a diferença no primeiro passo para o seu tão desejado objetivo de perder peso. Muitas vezes quando procuramos emagrecer, o que achamos em artigos ou livros e pela internet é "faça isso para perder peso e ganhar músculos", alcance o emagrecimento com os seguintes passos" ou até mesmo "Siga a dieta e conquiste o corpo desejado". Mas como assim? Como isso vai funcionar, como meu corpo vai aceitar "isso". Todos sabemos que cada pessoa é única, seja em sua essência (vivências, experiências, cultura), seja pelo seu estilo de vida (trabalhos, hobbies) e principalmente pela sua fisiologia. Todos esses aspectos vão sim influenciar diretamente no seu peso corporal e vou falar de cada um deles mais para frente, nesse momento vamos entender a parte fisiológica.

Como disse logo no início do capítulo nosso corpo precisa de energia para funcionar, essa que é vital, para isso nós alimentamos, o nosso organismo é muito complexo e pode fazer diversas funções, então para isso temos várias formas de "transformar" o alimento em energia o que chamamos de moeda energética do corpo ou ATP (adenosina trifosfato).

Nosso corpo tem basicamente 3 formas de transformar o que comemos em energia, são 3 "vias", nas quais funcionam ao mesmo tempo, porém com intensidades e resultados diferentes, para cada tarefa corporal em um ciclo interminável de renovação. Quando movimentamos rapidamente, como por exemplo aquele "tiro" na corrida, ou movimento rápido, a creatina fosfato que é o que está dentro do músculo já é acionada e sai na frente, porém a energia dela e rapidamente usada, se continuarmos correndo após o "tiro" por exemplo temos a energia advinda do glicogênio reservado no músculo ou no fígado que é convertido em glicose e se transformar energia, mas esse processo não gera tanta energia o que acaba que se valendo por alguns minutos, claro maior que a da creatina mas ainda assim pouco e com um resultado que desgasta o organismo, assim por fim para nos manter "correndo" temos lá a prevalência da quebra dos ácidos graxos ou gorduras, que por um processo mais desgastante e demorado, usando o oxigênio nos mantém ativos. Legal, mas o que isso muda na minha vida? Meu objetivo é emagrecer, então preciso usar a gordura, preciso correr todo dia 1 hora é isso? Não é bem assim, vamos lá. Nosso corpo não para, mesmo quando estamos parados ele continua em pleno funcionamento, a todo o vapor, pulmões, coração, sistema nervoso, sistema digestivo. O que quer dizer que se eu não faço muita atividade física que gaste energia no meu dia, o corpo não vai precisar de "tanta energia assim", e se eu consumo muito estou sempre abastecido. Tanque cheio, gasto pouco, guardo muito, é isso. Em outras palavras, me alimento bem e gasto pouco, energia é abundante. Então "correr" uma hora por dia não quer dizer que seu corpo vá consumir diretamente a gordura, pois sim naquele momento da corrida até pode ser, mas e depois, você come, seu corpo repõe o que gastou e ainda tem mais para estocar. Continua engordando. Além disso, uma grande parte da energia do corpo está nos "estoques" do músculo, o glicogênio muscular, quanto mais músculos eu tenho maior é o estoque. O do fígado é a principal fonte para o sistema nervoso. E aí vai o primeiro segredo, quanto mais músculos eu tiver no corpo, quanto mais desenvolvidos eles forem, maior vai ser a minha necessidade energética, maior é o meu metabolismo basal. "Nossa, por isso a musculação é tão importante? Mas eu não gosto e já emagreci sem precisar de musculação, perder peso rápido só com dieta e caminhada leve". Sim, isso pode realmente acontecer e eu explico o porquê. Quando você parou de consumir todo aquele alimento que você consumia, começou a exercitar em um exercício moderado que é a caminhada, você aumentou seu gasto energético o seu *déficit* calórico. Você perdeu peso, seu corpo pode até ter usado a gordura estocada para "completar" a sua necessidade diária, mas sabe onde está a maior prevalência de fonte de energia rápida? No músculo! Sim, todo mundo tem músculos. O sistema muscular esquelético é o que sustenta o corpo. Não é porque hoje você não tem aqueles músculos grandes e definidos que você não tenha músculos. Como expliquei antes é mais fácil para o corpo transforma o glicogênio do músculo em energia do que a gordura, e não se esqueça (e já repeti milhares de vezes isso), nosso corpo foi feito para sobreviver, se você parou de comer o que comia, o corpo já vai entrar em alerta e ele é inteligente muito mais do que achamos, rapidamente se adapta. E o que parecia a solução de emagrecer rápido, vai ser no fim algo que você não gostaria. Pouca massa muscular e muita gordura, o que conhecemos como o "falso magro". Muita gente se assusta quando faz uma avaliação física e vê sua taxa de gordura tão alta "poxa, mas eu emagreci tanto". E o que mais eu tenho de relatos nas academias que atuo é a questão "emagreci tanto no começo e agora parece que estagnei". E isso se deve pelo motivo de que a pessoa muitas vezes para de comer, come pouco, chega até cortar o carboidrato por muito tempo. O corpo para de consumir (metabolizar) rapidamente o alimento e passa a estocar mais, pois sabe que em algum momento a necessidade energética daquele dia vai ser alta e a fonte, ou seja, o consumo vai ser baixo. E isso leva ao resultado final, é também um dos fatores no qual a pessoa não consegue manter o peso, pois o metabolismo fica muito lento, as fontes de energia muito baixas, não se suporta uma dieta tão severa por tanto tempo, tudo volta ao que era de novo, mas calma vou debater melhor sobre isso mais para frente.

Então, nesse momento já sabemos como o corpo funciona e como é gerado energia. "Ótimo, já sei que preciso de musculação para ter mais músculos, assim meu corpo vai consumir mais energia, mas por qual motivo então ele daria preferência para gordura ao invés do músculo, aí eu fico num efeito ganho músculo, perde músculo. E o aeróbico então, sempre ouvi dizer que preciso acelerar o metabolismo, como fica isso?" Vou explicar. Quando praticamos atividades físicas aumentamos nosso consumo de energia seja ele de forma aguda quer dizer naquele momento, ou crônico que é durante todo o tempo. Quando eu estimulo os músculos, eles se rompem, acaba o estoque de glicogênio, gera uma demanda de energia para se recuperarem (crescerem) e repor o estoque. Quando eu faço o treino aeróbico isso também acontece, mas no meu sistema cardiovascular e respiratório, o coração gera mais demanda o que faz entrar mais oxigênio o que aumenta a frequência cardíaca e aumenta a corrente sanguínea para repor os nutrientes. Quer dizer eu gero uma cadeia de funções que mexem com o corpo de forma a ele consumir maior demanda energética, manter a musculatura em desenvolvimento (claro que aí temos também os hormônios e diversos nutrientes em conjunto), e tudo isso no final junto a uma alimentação favorável o que podemos chamar de uma dieta balanceada, vai fazer com que meu *déficit* calórico seja maior ao meu consumo, mas de forma saudável pois estou aumentando minha taxa metabólica basal, minha massa muscular e melhorando meu desempenho cardiorrespiratório, o que vai fazer total diferença no meu dia. Mais disposição e menos cansaço.

O grande mal a se discutir agora é a Síndrome metabólica. O alto consumo de açúcares simples, ou carboidratos de alto índice glicêmico elevam de forma abrupta a glicose no sangue. A insulina é o hormônio que tem o papel de sinalização, fazendo com que sejam abertos receptores nas células para captar a glicose. Quando se possui hábitos alimentares ruins a insulina se torna muito presente no organismo, causando uma "saturação", essa por sua vez vai causar uma baixa sensibilidade à insulina. Isso irá desencadear uma série de problemas relacionados entre si como a diabetes tipo 2, aumento do ganho de massa gorda, hipertensão arterial e desregulação do colesterol bom e ruim. Muitas vezes não se entende por qual motivo a tentativa de uma nova "dieta" não faz efeito, e esse pode ser um dos motivos. Porém o exercício físico com ênfase em musculação pode reverter esse quadro. Quando praticado o treinamento de força, os canais captadores de glicose se abrem sem a necessidade da sinalização da insulina, o que diminui a glicose no sangue de forma a auxiliar no processo auxiliando diretamente na reversão do quadro.

Com todos esses processos não é difícil fisiologicamente entender a perda de peso e emagrecimento. Sempre tenha em mente o que foi dito até agora, todos esses processos fisiológicos desencadeados fazem parte do que é o estilo de vida mais saudável e entender como seu corpo ou "sua máquina" funciona, da clareza do que é preciso e não fazer. Procurei aqui colocar os pontos mais importantes e de uma forma mais simplificada, é claro que nosso corpo tem muito mais complexidade do que somente o que foi formulado aqui, mas os pontos levantados são essenciais nosso objetivo de sair de Fatness e se tornar Fitness.

# Capítulo 2 - Todo estímulo gera adaptação

Uma das primeiras coisas que aprendi no curso de Educação Física e que marcou a minha vida por todo o curso e faz parte de todas as minhas resenhas, todos os meus diálogos quando falo de treinamento e emagrecimento é de que todo estímulo gera adaptação. Apesar de fazer todo o sentido, claro é como uma ação, toda ação leva a uma reação, e assim como a analogia anterior, gera um resultado. Isso significa que apesar de existirem vários caminhos e formas para se perder peso, não somos todos iguais, e talvez o estímulo que damos a nosso organismo vai sim ajudar a perder peso, mas a preço de que? E ao fim, qual será o resultado? Claro como disse no capítulo anterior, ganho de massa muscular com alimentação balanceada irá resultar em perda de peso. Mas também como dito anteriormente uma caminhada leve com o consumo baixo de alimentos resulta em perda de peso, são estímulos diferentes para o mesmo fim, de forma que um é mais intenso e gradual, o que precisa de um trabalho maior, pois preciso praticar exercícios, necessariamente ir a uma academia, ter uma ficha de treino, um gasto energético maior, mais desgastante pois ao mesmo tempo tenho que mudar toda alimentação, não posso ficar sem energia pois não vou aguentar treinar, mas não posso consumir demais para assim alcançar o *déficit* calórico, tenho que ganhar músculos também ou manter. Ou como de outra forma caminhadas leves a moderadas, consumo menor, também vai me gerar um desgaste. De todo modo, o principal é que você já mudou, seja de uma forma ou outra o estímulo foi dado, agora basta gerar adaptação adequada. Certa vez, percebendo um aluno abatido todas as vezes que ia à academia, com muita dificuldade nos treinos e um aspecto de muito cansaço, eu perguntei se ele tinha se alimentado antes de treinar, para minha surpresa ele disse que só tomará um "Shake", o dia todo, provavelmente pela minha reação, ele disse " – é que eu emagreci 20 kg em 3 meses com essa dieta a base de "Shakes", mas relaxei e engordei de novo e agora estou tentando com essa dieta, mas não está dando "tanto resultado", aí comecei na academia para ver se "ajuda". Bom, não preciso dizer que a conversa foi longa né. O que quero dizer com tudo isso é que nosso corpo aprende fácil, os resultados que temos além de não servirem para todos também não pode ser usado como fórmula mágica, é necessário dar vários estímulos diferentes. Adaptar-se rapidamente e mudar com o tempo. Você tem que ser o mecânico especialista pois mais que seu corpo seja uma "máquina", entender do seu "modelo" vai ser a melhor forma de gerenciar e fazer a manutenção dela, assim sempre terá resultados significativos. Ter metas, mini metas, objetivos a atingir em curto e a longo prazo. Assim como tudo que é ensinado não seria diferente na perda de peso e emagrecimento não é mesmo?! É como diz o gato no best seller de Lewis Carrol; "Para quem não sabe onde vai, qualquer caminho serve". Não é mesmo?! Não queira qualquer resultado, queira emagrecer com qualidade, saúde e leve isso para sua vida, faça isso seu novo estilo de vida.

# Capítulo 3 - Não comece segunda, comece na terça ou talvez quarta

Segundas feiras costumam ser os dias de maior lotação das academias, o que faz parecer é que o sentimento de culpa das pessoas ou a programação de tudo começa na segunda, faz com que todo mundo chegue cedo, supermotivado, e fica uma década treinando. O que lota a sala de musculação causa aquele alvoroço e a gente não pára um minuto. Então vamos evitar, "pra que" começar na segunda, deixa "pra" terça tá tranquilo. Quantas vezes no sábado à noite você disse ou pensou que segunda-feira eu vou começar na academia, vou começar meus treinos, sem falta! E quando chegou o domingo à tarde, quase noite e bateu aquele pensamento ruim "putz tanta coisa pra fazer amanhã, será que começo mesmo?!". Brincadeiras à parte, vamos falar sério. Nesse ponto que estamos o treinamento físico já é uma realidade que tem que aceitar, isso quer dizer goste ou não de musculação, para perder peso, a essa altura você já começa a entender que vai ser algo indispensável para o seu novo estilo de vida. Então quando começar? A realidade e que quanto mais rápido melhor, escolha um lugar que te agrade por mais que sempre tenha abominado academia, vá a um lugar que te faça "sentir", mais confortável, não ache que é só pra "maromba", vai chegar lá só tem "*fitness*" e você vai ser o único "*fatness*" da "parada". Muito pelo contrário, apesar de nem todo lugar ser assim, tem sempre uma academia que vai te fazer se sentir confortável, mas estamos em uma sociedade e de tudo tem em qualquer lugar, a academia não seria diferente não é mesmo?! A academia é para todos, bom deve ser, é para você também sem dúvida. O dia da semana não importa, mas como disse é algo para o seu estilo de vida, então não adianta se colocar na obrigação quando é algo fora da sua rotina, ou da sua nova rotina, que vai ser agora. O que quero dizer é, domingo é um dia no qual muitas vezes você está em casa, foge da sua rotina de segunda a sexta, tudo bem trabalhei em shoppings a minha vida toda e sei que trabalhar fim de semana é uma realidade. Sim, porém mesmo quando é trabalho no fim de semana ou domingo, os horários são diferentes. Encaixar algo que você nunca fez ou já fez e não gostou, largou ou algo assim, dentro da "rotina", pode ser tarefa difícil, vai te gerar mais cansaço e muitas vezes um bloqueio psicológico. Então segunda feira faça seu dia como os de sempre, e na terça irá acordar como rotineiramente faz, aí sim comece os seus treinos. E na quarta? Geralmente quando começamos algo, queremos já ir de uma vez, dar a partida né, fazer tudo que já era para ter feito, mas segure sua ansiedade, se adapte, não coloque todos os limões uma limonada só. Comece 3 vezes por semana, a literatura mostra que treinar 3 vezes por semana para indivíduos iniciantes traz excelentes resultados. Com o tempo vai aumentando e quando ver já está treinando todo dia. Mas se for teimoso igual eu e está determinada(o) a ir 5 vezes na semana ou todos os dias que a academia abre, não tem problema nenhum. O primeiro livro que comprei sobre treinamento e isso eu nem estudava Educação Física ainda, foi a enciclopédia de Fisiculturismo do Arnold Schwarzenegger e tem uma parte onde ele fala sobre quando termina o treino já estava planejando o de amanhã, então na cabeça dele já ficava pensando em tudo o que iria fazer, quais músculos ia treinar, o que ia fazer primeiro e isso o motivava. Eu por muito tempo e até hoje uso isso ainda, funciona muito bem. Use sua motivação para o amanhã, mas faça isso para sua rotina, afinal de contas, isso vai fazer parte da sua vida daqui para frente.

# Capítulo 4 - Deixando de ser Fatness e começando a ser Fitness

Quando comecei na academia a milhares de anos atrás, precisamente lá pelos meus 21 anos. Eu me via extremamente obeso. Tem uma foto minha que ilustra bem esse momento, eu sentado no sofá olhando para o lado. O que acontece é que sempre tive uma genética muito boa, principalmente para ganhar massa, e adivinha qual massa eu ganho com facilidade, é isso mesmo a massa gorda. Ganhar gordura já é uma questão hereditária, grande parte da minha família sofre com sobrepeso, na minha casa não era diferente, meu irmão e minha mãe sempre lutaram contra a balança também. Já meu pai sempre teve muita massa muscular. Apesar de não ser adepto a musculação diretamente, sempre jogou futebol de campo, baixinho e "troncudo", corria muito, era muito forte com coxas e panturrilhas gigantes, essa foi sempre minha salvação. Por mais gordo que eu fosse, maior eram minhas panturrilhas, mas nem isso me salvou sempre. Eu não lembro bem quando exatamente decidi entrar na academia, o que na infância me ajudou muito devido a condicionamento físico da educação física escolar e o contato com campos de futebol, o sobrepeso aumentou muito na adolescência rebelde e falta de atividade física quase que total. Tudo chegou em um limite quando me via trabalhando das 14hrs às 22hrs, a duas horas de casa em uma loja como consultor de vendas em uma grande rede produtos eletrônicos em uma loja conceito. Meu primeiro emprego, muito tempo em pé, metas a bater, me alimentava mal, trabalhava, comia e dormia. Eu adorava meu trabalho, mas a calça já passava do tamanho 50. Apesar disso tudo, a alimentação foi o motivo maior, 2 litros de refrigerante ao dia eram pouco. Só que não dá para colocar a culpa toda na alimentação. É claro. E foi quando o "start" veio. Vou mudar de vida, vou ser Fitness! É claro que não foi do dia para a noite, mas vamos por aí, provavelmente algo que não lembro tenha acontecido, o principal e que apesar de "começar" bem, pois já escolhera ir para a academia, muita gente acaba que deixando isso como última opção, exatamente pela visão que se tem os estereótipos do conceito ginásio, musculação, hoje já é bem menor e olha que posso falar, na época que comecei era muito forte isso. Mas o começo não foi fácil, diretamente existem muitas coisas externas que atrapalham isso e eu só comecei mesmo a mudar meu estilo de vida quando as "senhoras" da academia debocharam de mim para minha mãe que o filho dela ia para a academia e ficava dormindo na bicicleta. A academia de bairro embaixo ficava toda a parte de "aeróbico", em cima era a musculação. Todo mundo se conhecia, minha mãe também fazia academia lá, riu demais de mim, virei deboche das senhoras, imagina a vergonha. Só depois disso é que comecei a treinar de verdade "por assim se dizer". Fiz uma avaliação física, o professor da academia montou meu treino, foi pegando dicas, lendo sobre, assistindo filmes. A internet não era o que é hoje, mas sempre fui muito de ler conteúdo técnico, para minha felicidade a loja que eu trabalhava tinha uma parte forte em editoriais, então apesar de não ter muitos livros sobre, li bastante nos que encontrei e em revistas também. Na época as revistas eram importadas, os livros eu pegava os já da educação física, mas a linguagem difícil, fazia o que dava e conversava muito com o professor que aliás era um professor excelente sempre ensinava muito. Mudei a alimentação fiz uma reeducação alimentar e logo também estava suplementando ai na loja de suplemento e alugava muito os vendedores, a época era boa, a suplementação estava no auge, os preços eram altos eu passava tudo no cartão um pote de whey de 900g dura em média 20 dias, mas eu fazia em 5x tudo bem (risos). Logo o resultado começou a vir e em 8 meses cheguei a 75 kg seco, minha taxa de gordura na avaliação física foi lá embaixo, de mais de 30% foi para 15%, mas o melhor ainda estava por vir, foi aí que tudo mudou. Comecei a ganhar músculos, cheguei a 80 kg e uma taxa de gordura menor ainda. Cintura fina, ombros largos, braços grandes, pernas e panturrilhas maiores ainda. Eu chegara onde queria, vai mentira, estava magro e nem tão forte. Mas as mudanças foram benéficas demais, minha autoestima mudou totalmente e logo virei referência em casa foi quando meu irmão e minha mãe atingiram o melhor de suas formas físicas. As pessoas viam e me perguntavam o que eu fiz, como eu fiz e o que elas poderiam fazer, meus amigos me pediam dicas de treino e dieta, e com meus conselhos começaram a academia e perderam peso. Eu me sentia muito bem, mas eu precisava ensinar aquilo ao mundo, não poderia ser somente eu ou meu ciclo de convivência, tinha que ensinar as pessoas a transformarem suas vidas, mas ainda não tinha tanto conhecimento. Então quando saí do emprego me matriculei na faculdade e foi a primeira vez que tentei cursar Educação Física na vida. Sem planejamento, com expectativa errada do curso, sem emprego, mas seguro que ia conseguir outro facilmente, pois trabalhei em uma empresa internacional de renome. Incrível como eu tinha tudo como fácil naquela época. E logo estava eu na sala de aula e o professor falando "A Educação Física é a profissão do futuro". E um dia até cheguei a olhar no espelho e admirado como estava com físico legal, ficava pensando "nossa como foi difícil, mas eu poderia ter documentado tudo para no futuro usar isso para ensinar as pessoas". Se eu soubesse que iria ganhar todo peso de novo nem precisava tanto. Mas, apesar da excelente autoestima, o tempo foi passando e o dinheiro acabou, eu nem era tão "Fitness" mais, o emprego não vinha e em um semestre tranquei a faculdade. O sonho acabara, nem foi tão impactante na época, pensei um dia eu volto, não para a mesma faculdade, mas eu voltei. Quase 5 anos depois. Mas aí já era "Fatness" novamente. E o que tirar de tudo isso. Existe um forte movimento que fala sobre se aceitar como é. No momento em que a depressão e a ansiedade atingem milhões de pessoas, na mesma proporção temos que entender que ser gordo não é doença, a obesidade é doença. Ser saudável não se resume a um abdômen definido ou a um corpo cheio de músculos. Mas, almejar um corpo musculoso, ou perder peso emagrecer, mudar não é não se aceitar, muito pelo contrário, quanto mais brigar com a sua aparência, menos aceitar que aquele é você, dificilmente vai ter o resultado esperado, pois é preciso acima de tudo determinação. Quando existe muita negação o foco é desviado. Então me cobro muito, o que pode gerar um excesso de esforços que deveria ser gradual pois você está começando. O psicológico não aceita o quadro então vai se restringir na alimentação, mas quando escorregar vai se condenar tanto que não dá nem a oportunidade de errar. E como eu disse, esse é um processo gradual, difícil e que requer uma mudança muito grande e não tem nada de errado em querer mudar. Não tem nada de errado querer perder peso, desde que aceite que é uma mudança para toda a vida. Então tudo começa com a mente, controlar a sua mente, buscar mudar a forma de pensar, isso irá dar resposta em todo o restante. Uma forma bem legal de fazer isso é aprender a meditar. Muitas pessoas se identificam com as técnicas de Yoga pois é difícil parar os pensamentos apenas sentado com as pernas cruzadas. Então a ideia de contrair e alongar a musculatura em posições que requerem controle corporal e atenção, ajuda na concentração e principalmente a esvaziar a mente.

Com minha experiência em anos de sala de musculação e treinamento, vejo que diversas pessoas tem dificuldades de praticar atividades aeróbicas e posso entender perfeitamente os motivos, principalmente no início que não se tem condicionamento cardiovascular, a falta de fortalecimento nas articulações e a sobrecarga impedem uma alta intensidade. Já em intensidades moderadas o fator mente não para, principalmente nos dias de hoje, onde a ansiedade é uma patologia muito presente no público com sobrepeso, as vezes sendo até o motivo desencadeante da obesidade. Eu mesmo tinha muita dificuldade com o aeróbico, não gostava de fones de ouvido, mas também as músicas repetitivas da academia me irritavam, pra falar a verdade eu gosto é do silêncio de ouvir o som dos pesos baterem, de concentrar o máximo no que estou fazendo. E aí você está lá naquele eterno ciclo da esteira, o tempo não passa, você para pra pensar na vida, no começo até que é bem legal organizar as ideias, mas sabemos que os problemas sempre passam na frente, a mente e muito propícia a tentar encontrar soluções, então tudo vem de uma vez. Também vejo que muitas pessoas ficam lendo um livro, jornal ou algum conteúdo no celular, serei bem direto, isso não funciona a não ser que você seja muito bem treinado. Não duvido que um maratonista possa manter a sua intensidade de treino lendo, ele é treinado, os movimentos já são quase autônomos, mas para alguém que não tem essa "consciência" corporal fica muito difícil manter uma intensidade eficiente para o objetivo. Pode até ser um boato, mas uma vez eu li que um CO de uma grande rede de academias disse que a maioria das pessoas praticam uma a duas horas de esteiras todos os dias e depois de um ano vão continuar iguais a quando começaram. Então é importante concentrar-se no exercício que está efetuando. Uma vez elogiei um aluno que ia todos os dias e corria na esteira, contei sobre a minha dificuldade e até certo desgosto pela atividade, e ele disse que não era difícil, que colocava um playlist pra rolar e quando ia vez já se passara uma hora correndo. Testei e realmente funciona, particularmente gosto de ouvir podcasts, concentro na intensidade e fico ouvindo, às vezes até passa uma fala ou outra despercebida, mas nada demais o objetivo é o exercício. Outra técnica que acredito ser muito útil é assim como o Yoga, a meditação. Muitas pessoas tem a visão de que meditar é ficar parado em silêncio ou com um mantra de forma confortável, sim, mas também pode ser no aeróbico, os princípios da meditação alinhar corpo e mente, se livrando dos pensamentos e se concentrando. E isso sem dúvida pode ser aplicado à prática do exercício físico, principalmente o aeróbico. Tente isso e terá excelentes resultados, tanto no treino quanto no estresse, nervosismo e ansiedade, que também são fatores de extrema relevância para o emagrecimento.

# Capítulo 5 - Saiba mensurar seus resultados

Um dos pontos importantes no processo do emagrecimento é saber mensurar os seus resultados, isso irá refletir diretamente na continuidade do seu programa de treinamento, dieta e principalmente da parte motivacional. Saber a melhor ferramenta vai te colocar em um ponto onde não irá se iludir (achar que está indo muito bem quando na realidade não está), como também não se decepcionar (achando que não está tendo progresso quando está progredindo muito bem). Isso porque vários aspectos nesse ponto do programa já estarão o afetando diretamente como a mudança total de rotina, a fome, ansiedade, falta de doces e diversas questões psicológicas. Se manter motivado é muito importante, então a última coisa que você quer é subir na balança e ver que nenhuma grama se foi, não é mesmo? Aliás a balança é uma inimiga muito íntima, e a briga com ela pode ser para a vida toda, e olha certeza que você vai perder na maioria das vezes. A realidade é que a balança é uma das principais ferramentas na qual é utilizada hoje, e vou dar uma dica: esqueça a balança. Em uma das academias que atuei, algumas vezes chegava para trabalhar e a balança estava no canto próximo ao corredor, aproveitei para observar o comportamento das pessoas quanto aquela balança ali. E sabe o que aconteceu? Todos os alunos usaram a balança naquele dia. Tinha gente que já chegava e se pesava, outras meio que ficavam naquela dúvida, mas não se aguentavam e dava por vencido subiram na balança, teve gente que até usou a balança antes e depois do treino, eu mesmo me pesei 3 vezes e olha que estava trabalhando (*risos*). Certo! A balança e uma das formas mais usadas de mensurar o seu peso, a gente pesa praticamente tudo, mas quando falamos de questões fisiológicas, principalmente em fase de emagrecimento, muito tem que ser levado em conta como retenção líquida, taxa de gordura, circunferência corporal (dimensões tronco, braços e pernas). Um dos professores no curso de E.F. (Educação Física), sempre fazia questão de dizer, se vai se pesar "Ao acordar, pelado e cagado vai ter que ser sempre assim". De forma simples, se vai se pesar ao acordar sempre naquele horário, depois de ter usado o banheiro e sem nenhuma vestimenta, a única forma ideal de se medir e daquela mesma forma, pois qualquer outra irá dar diferença e pode ter certeza que vai dar sim.

Outra medida utilizada internacionalmente é o IMC (índice de massa corporal). Esta fórmula que utiliza o peso x altura ao quadrado foi adotada como padrão mundial de medida estatística e qualifica o quanto o indivíduo está em um grau de baixo peso, "normalidade" e obesidade na sociedade atual. Por mais que seja utilizado ainda hoje e a meu ver erroneamente para te classificar em praticamente tudo (na avaliação da academia, no médico, nutricionista, entre outros). Pegar a altura e seu peso, sem considerar outros aspectos não é a forma ideal de configuração, por mais parecido e até funcionar de forma "igual", somos indivíduos únicos, com características diferentes, a não ser que sejam produzidos de forma escalonada na linha de produção seres humanos, o que neste momento não acontece pelo menos até quando esse livro foi escrito, não sei agora quando está lendo. E isso podemos ver até em atletas de fisiculturismo. "*Ah não dá pra você comparar um atleta com uma pessoa que quer perder peso é muito diferente*". Em alguns pontos até concordo, mas tem muito que o fisiculturismo tem e que podemos trazer para nós, principalmente para o emagrecimento. É isso vou explicar logo menos, agora vamos ao exemplo. Eduardo Corrêa é um dos ícones do fisiculturismo no Brasil. Atleta de renome com diversas conquistas e que já foi top 2 no Mr. Olympia, a maior e mais consagrada competição de fisiculturismo do mundo. De acordo com as informações coletadas em fontes da internet, Eduardo tem 1,70 de Altura e compete na categoria 212 lbs, o que equivale a 96 kg, sendo assim pelo seu IMC de 33 equivale a Obesidade Grau 1. A seguir foto de Eduardo Corrêa Obeso;

(fonte: foto retirada da internet)

Tudo bem, já tinha entregado o jogo antes, ao pensar em um fisiculturista de 96 kg top 2 do maior campeonato do mundo, dificilmente você o imaginaria diferente, mas se eu tivesse colocado como apenas, um indivíduo de 96 kg com 1,70 de altura com obesidade grau 1 o que você imaginaria? É, certamente não é com o cara da imagem não é mesmo? Claro que o peso tem sua importância sim, principalmente quando falamos do sexo feminino, o sonho de alcançar os quilos desejados. Mas não se engane e nem se frustre, com o esforço e a dedicação e tudo que aprenderá aqui, tenha certeza que o resultado virá, e quer saber a forma mais eficaz de você medir isso? Um espelho e uma fita métrica. Sim, isso mesmo olhar no espelho ver o enrijecimento da sua pele, às vezes o ganho de maior flacidez quer dizer sim que está perdendo peso, medir circunferências do corpo é muito mais eficaz do que o peso da balança, quando trabalhamos com a perda de gordura e o ganho de massa muscular, perdemos medidas, algumas até ganhamos como coxas, braços, para homens até linha de ombro (se trabalharmos para isso),  para mulheres rapidamente acentua a cintura, quadril acaba sendo mais difícil, por isso o enrijecimento e olhar o espelho. Podemos também usar aquela calça que não cabia ou já coube alguma vez, as roupas mais frouxa e com o avanço cada vez maior da tecnologia, não tenha dúvidas nem vergonha, tire fotos, muitas fotos, todos os ângulos, pode até se ter uma certa vergonha agora, mas será ferramenta de orgulho e motivação em pouco tempo pode ter certeza. Guarde o peso da balança como parâmetro, mas somente o use muito depois dessas ferramentas que citei anteriormente.

Tenha tudo em mãos, e saiba usar tudo como ferramenta, seja para correção (algum ponto que precisa melhorar), motivação (quando bater aquela "*Bad*", parece que o esforço está sendo em vão), e orgulho é claro por que não? E voltando nessa questão mesmo quando forem te avaliar saiba ter esses argumentos em sua mente, para usá-los sempre que for necessário.

# Capítulo 6 - A mudança vem de dentro ou um clichê assim qualquer

Parece até clichê e não deixa de ser, mas é real. Muitas vezes, uma mudança interna gera mais mudanças externas do que podemos imaginar. Primeiro que a alimentação compulsiva vem de um possível sentimento gerado, seja uma decepção com algo que está vivendo, ou vou comer demais pois estou ansioso, ou porque estou me sentindo desmotivado com trabalho, ou infeliz no relacionamento, ou as contas não fecham e eu sempre estou com dívidas, algo vai desencadear essa alimentação, o que vai somar com a falta de atividade física, sedentarismo o que seja. Foi assim que eu tive meu segundo ápice de "Fatness". Por muito tempo eu mantive o controle, mas foi depois de casado que voltei gradualmente a ganhar peso. E olha, não foi o casamento o culpado não "*hein*" (*risos*). Sou maravilhosamente feliz em meu casamento e falam que depois de casar você relaxa e engorda, mas não foi bem assim. Eu sempre fui muito ansioso e sempre tive muito problema com o peso. Claro, por mais que meu conhecimento hoje na área fitness seja absurdamente maior do que era na época, eu sabia que não poderia parar de treinar que a chance de engordar era iminente. Foi aí que quando casado me vi na responsabilidade de não faltar nada em casa, trazer estabilidade financeira na qual não tinha e muito me preocupava. Então minha ansiedade aumentou demais, fiquei muito preocupado e nervoso e isso desencadeou uma série de situações. Minha esposa que sempre foi o lado racional, sempre com os pés no chão me manteve estável. E aí eu ganhava peso, mas perdia, entrava em um emprego, vendas pressão metas, estresse, ansiedade ia lá em cima, mas ela me controlava e me ajudava, treinava, parava, dinheiro acabava aí parava de treinar. É desculpa? Sempre é, tudo é desculpa! Mas, como sempre digo, o psicológico tem que estar preparado, grande parte depende do seu psicológico. Sua motivação tem que ser a sua energia, seu foco tem que estar na perda de peso, pois o processo vai te dar resultado, mas sua determinação e motivação vão te fazer manter.

E o que da primeira vez foi para ensinar e ajudar o mundo, a segunda vez que me matriculei no Curso de Educação Física foi para mudar o meu mundo, ganhar melhor, com empregos melhores, fazendo algo que iria me dar prazer, que eu já queria antes e que provavelmente me daria um retorno melhor do que os empregos que havia tido até aquele momento. E na sala de aula foi que eu ouvi que a Educação Física é uma área difícil que precisa entender o seu papel na saúde e tomar o seu lugar. É meu amigo responsabilidade e tanto. Foram 4 anos nos quais eu precisei trabalhar em outras áreas, não fiz estágio no momento que precisei fazer, engordei muito, treinava quando estava de férias e no começo do semestre. Era assim, saia da estação de trem 6hrs da tarde depois de correr do trabalho para lá ia para a academia no shopping que estava lotada, mas era a mais próxima, treinava 30 min como dava, tomava banho e corria para o curso. Chegava em casa por volta de meia noite quando o transporte ajudava, ia dormir, acordava às

5hrs da manhã e ia trabalhar. Às vezes aguentava fazer dieta, às vezes não. Mas sempre preferi usar o que tinha de benefício para fazer marmitas e levar. Aliás, marmita foi uma coisa que eu nunca gostei de usar, não queria de jeito nenhum, mas precisei adotar e hoje não dificilmente não uso.

Diferente da primeira vez, agora eu era Fatness, estava gordinho, tinha um "porte" melhor quer dizer, sempre gostei de musculação, como treinei bastante tinha massa muscular, costas largas, ombros bem colocados, mas bastante sobrepeso. Então as pessoas me falavam *"você não é gordo é forte"*. Eu até aceitava, mas enfrentei muito preconceito. Nos dias atuais, a galera vai para o curso de Educação Física pois ou era atleta de algum esporte na infância, juventude, ou praticante apaixonado do *"Fitness"* e tinha eu e meia dúzia que estava ali pois queria ensinar as pessoas. No fim, alguns se encontram na área em outras funções, uma galera largou, era até engraçado, muitos tinham recursos financeiros, então a galera chegava "gigante", mas no fim já nem tinha mais tanto músculo. Mas diferente da primeira vez, eu era o gordinho da educação física, o símbolo contrário do estereótipo perfil do professor da área ou o que as pessoas imaginavam o ideal de ser. E foram incontáveis vezes, trabalhos apresentados, aulas práticas que eu me colocava como exemplo, sempre nas entrelinhas, indivíduo com IMC "x", obesidade, exercendo tal atividade física ou esporte. Tinha aulas que os professores debatiam *"ah, mas é difícil um indivíduo nesse perfil conseguir praticar isso, fazer aquilo."* E eu dizia, *"mas eu faço"* ou *"eu fiz nessa aula"*. E já próximo do fim, os professores já nem questionavam mais e debatiam sobre isso. Não é porque você está acima do peso que você não será capaz de fazer algo, mecanicamente pode até atrapalhar, uma gordura abdominal com certeza não vai deixar você se fazer o que um contorcionista faz e nem tem o porquê de você fazer, a não ser que você seja. No geral o que pode te limitar é você mesmo, e aí pode ter certeza que o mundo não vai deixar barato não. Muitas das vezes que me lembro era eu mesmo falando que não faria, pois eu não ia conseguir, e muitas das vezes que tentei e me dediquei consegui, não é fácil, e nem sempre de primeira você consegue, as vezes temos que tentar e tentar novamente, muitas vezes. Mas quando pensamos na perda de peso, são tentativas necessárias.

E é engraçado pensar que é difícil as pessoas aceitarem o seu sobrepeso, vista do seu perfil. Pois quando cheguei no estágio, em um clube conceituado, muitos professores me perguntavam se eu era atleta de *Powerlifting*. Por que eu não seria né, todo mundo da área ou era atleta ou era fitness, eu no meu auge dos meu 20kg de cada lado no supino, mas porque estava com sobrepeso e um físico de alguém treinado só poderia ser do esporte onde os atletas batem quase 15.000 kcal dia e levantam 3x o seu peso em anilhas. Mesmo nas academias tem gente que me olha desconfiado, ou quando dou uma dica meio que ignora. É normal, quando voltei a treinar com qualidade e decidi fazer alguns vídeos aumentou muito a aceitação das pessoas quanto ao meu perfil profissional. Até quando as dicas que dou passam pelos ouvidos e dão resultados, vejo que muitos outros alunos quebram a barreira que colocaram e vem conversar comigo. A mudança é necessária, e quando você mudar tudo a sua volta vai mudar.

# Capítulo 7 - Nem todo mundo está preparado para você

Vivemos numa sociedade compartilhada, cheia de costumes e tradições. Você tem amigos, familiares, colegas de trabalho, esposa ou marido e talvez até filhos. Todos são relacionamentos, todos tem uma personalidade, manias, formas e gestos de agir. Mas culturalmente nossa forma de socializar parte do princípio do consumo; *"o que isso quer dizer?".* Temos várias formas de socializar, um jantar em família, uma pizza aos domingos, um *happy hour* depois do trabalho, um almoço de negócios, uma reunião com *coffee break.* Vê, muito de nossos costumes tem a ver com consumo e diretamente com o consumo de alimentos. Não é errado dizer que isso influencia diretamente na nossa rotina alimentar, pelo contrário, isso irá influenciar e muito. Certa vez em um dos empregos que tive, a empresa tinha a cultura da convivência como política direta, então, festas aconteciam com certa frequência e umas das políticas era "chegue primeiro e coma mais". Eu até gostava e era um puta incentivo para você chegar cedo na empresa né. Mas veja o caso eu, indivíduo que acordava cedo e dormia tarde, ansioso e compulsão alimentar já gerada das outras diversas dietas mal planejadas, com vontade de interagir e participar para tentar ser visto na empresa. Teve uma hora que eu chegava e somente olhava para a comida pois ou era aquilo ou quebrar mais uma vez todo meu protocolo estabelecido e que vinha tentando manter a dias. Então isso me gerava toda uma compulsão e uma frustração. Pois bem nessa mesma empresa, as reuniões de time eram semanais e pelo menos a cada 15 dias se tinha um "*coffe break*", no geral salgados e doces com refrigerantes ou para comemorar algum aniversário ou para chamar a galera a uma descontração na reunião. Eu estava bem psicologicamente e já tinha até estabelecido um protocolo legal na rotina, entre dieta e treino. Com quantidade certa para cada marmita em cada horário. E meu trabalho não era engessado, tinha liberdade de levantar-se e ir à copa tomar um café, eu usava para comer algo da dieta. E aí galera começou a ver e falar " olha só que fitness", ele é "fitness né" e eu sempre dizia "não sou fitness, sou fatness. estou lutando pra me tornar fitness". Mas, aquilo se seguia e investia a parte que ganhava para aproveitar pagar contas, comprar a dieta já que economizava sem comer fora como a maioria fazia. Então eu não ia nas reuniões que aconteciam fora. Uma porque eu não tinha dinheiro já tinha investido na dieta e outra que ia deixar minha marmita e comer algo que não era da minha dieta. Tudo bem, tudo é adaptável e eu poderia me programar para isso já que não era sempre. Mas quando você está focado, como eu estava, queimar uma fase parece estar se sabotando, e é melhor não ter esse sentimento, mas para isso é necessário muito foco e disciplina.

É legal ter algumas regras, mas saber flexibilizar é importante. Assim se mantém um equilíbrio, se torna algo mais sustentável. Uma dieta muito rígida quando quebrada ou finalizada pode gerar uma compulsão alimentar. Isso porque o corpo vai pedir aquele nutriente, o carboidrato simples e até mesmo o doce como o açúcar, vai se tornar uma recompensa e é como aquele docinho pós almoço. Todo dia ele está ali, e às vezes você come e nem se toca que era só para comer o docinho depois. Mas o principal disso tudo e que ninguém vai entender os seus motivos e podem até darem risada, brincarem com você, principalmente não sendo a primeira vez que você faz isso, as pessoas não vão se sacrificar a ponto que você está se sacrificando, isso e exclusivamente seu e não tem nada errado nisso, desde que você não se dê por vencido e deixe sua rotina dieta e treinos para lá. Quanto a rigidez da dieta a não ser que queira ser um atleta de fisiculturismo, o que não vejo nada de errado nisso, aliás minha vontade sempre foi essa, eu pensava já que vou deixar de ser gordo, não é pra ser magro, nunca fui mesmo, quero ser e musculoso. E muitas das experiências que tive foram voltadas dentro dessa área, sempre enxerguei o fisiculturismo como um estilo de vida e por muito tempo foi assim para muitos da sociedade. Com o fácil acesso às informações e o crescimento da internet para o segmento fitness, as competições se tornaram mais "vistas" por assim se dizer. Mesmo dessa forma, não quer dizer que precise ser um fisiculturista de competição e sim levar para um estilo de vida, mas isso deixemos para o capítulo lá do final. E se não quiser, não tem problema flexibilizar a sua alimentação, evitando carboidratos simples seguidamente, açúcar ou gorduras em excesso, equilibrando seu dia com treino e dieta adequada você pode comer de tudo, tudo mesmo. Mas vale entender que toda sexta no *happy hour*, aquele chopinho e ficar sem treinar tem seu preço e será que o seu investimento vale o sacrifício? Afinal de contas você tem um programa a seguir, aquilo ali não é um "extra", uma exceção. Aliás, cuidado com as exceções, temos muito disso em nós e quando percebemos aquilo que era somente uma ou duas vezes, como dizem, vira regra. E qualquer costume é difícil de largar, somos seres de hábito, e quanto mais isso traz aquela satisfação imediata mais o hábito se torna difícil de largar. Eu sei, larguei o cigarro, depois de tentar parar 2 vezes no quarto semestre da faculdade. Mais de 10 anos fumante, pode acreditar.

Em resumo, faça uma dieta limpa sem o dia do "lixo", coma de tudo equilibradamente atendendo a sua necessidade diária, lembrando do *déficit* calórico, sempre com o treino em dia e foco. Evite as "escapadas", não deixe de ser "social", mas saiba dar prioridade ao que te é importante, não queime etapas, não de "escapadas", o mundo não vai estar preparado para esse novo você, mas ninguém vai deixar de ser seu amigo porque não vai comer aquela pizza de sábado a noite. Porém você será julgado, acusado e até condenado. Vão dizer que não vale a pena, dizer que é besteira, que você agora quer ser "fitness" coisa que nunca foi. O importante é continuar e não se deixar afetar por aquilo. Logo você percebe que até a "flexibilidade" não é tão legal assim, que os alimentos mais calóricos te dão aquele prazer momentâneo mas depois acaba que é só uma bomba de calorias, que você poderia ter comido melhor e se satisfeito mais, porém é tudo parte do processo.

# Capítulo 8 - Em quanto tempo terei *resultado*?

Todo mundo quer resultado, apesar de todas aquelas produções de *Hollywood,* aquelas frases motivacionais e até aquela última temporada de *Game of Thrones*, tentarem ensinar, nem tudo "vai", esqueça a temporada ela não quis ensinar nada (*risos*)! Que o final nem sempre é o que importa e sim o processo e com certeza você perceberá isso. Não existe motivação sem resultados. Para sua felicidade a literatura já mostrou que seguindo todo o programa de emagrecimento que consiste em treinar pelo menos 3 vezes por semana de 40 minutos à 1h30m por dia com musculação e "aeróbicos" em conjunto, alimentação com carboidratos, proteínas e gorduras balanceada logo no primeiro mês você já tem resultado. E no começo é tudo muito rápido. Raciocine comigo. Você se mantinha sedentário, sem exercícios, consumindo mais do que o seu corpo precisava e de repente tudo mudou, você está se exercitando, comendo melhor rapidamente a mudança vem. Isso quando é a primeira vez que você começa. Mas e quando já é reincidente? Quando já não é a primeira vez que tenta perder peso em 1 mês terá resultado? E a resposta é Sim! O que precisa primeiro é reavaliar o processo anterior e corrigir o que não estava certo e pode ter certeza que algo não estava. Será que estava praticando exercícios físicos com regularidade? Fazia musculação ou somente um aeróbico moderado? Como estava sua alimentação?

Tinha muitas "exceções"? E o psicológico? Por qual motivo parou, desanimou? Foi algo de trabalho, família ou problemas pessoais? Aliás, tudo é pessoal, pois estamos falando de um objetivo de vida seu! É a sua vida. O erro que muitas pessoas cometem no processo de emagrecimento é pensar que passaram por aquela "fase" da vida, cheia de percalços e que exige muito. O "Efeito sanfona" vem daí.

Muito do que falamos sobre resultados vem da capacidade de adaptação. Quando enxergamos o caminho onde a única solução é aquela e isso parece mágico para nós, uma super motivação irá sustentar aquele momento a forma que dedica 200% de "si". E assim é inevitável, o resultado irá vir. Algumas pessoas conseguem usar o resultado como combustível para se motivar cada vez mais e continuar. Porém quando falamos de emagrecer não é bem assim. Isso porque ao ver o resultado, logo se entende que chegou no objetivo, então todos aqueles doces que deixou de comer, toda aquela comida que tanto adora que não estava comendo mais, aquelas "intermináveis" horas na esteira ou todo aquela "dor" de tanto peso que pegou chegou ao fim, pois atingi o "resultado".

# Capítulo 9 - Dietas

"Já fiz dieta de todas as cores, de todos os tipos de muitos de fatores"

"Com algumas até certo tempo fiquei, prá outras apenas pouco tempo me dei"

"Procurei em todas as dietas a felicidade, mas só consegui e ficar na vontade, parecia uma fome sem fim"

"Já tive dietas desequilibradas, dietas confusas que exigem demais, mas nenhuma delas consegui o que queria mais... Que era emagrecer

"Tudo que um dia sonhei "pra" mim". (*risos*).

Brincadeiras à parte, apesar de existir milhões de dietas, algumas com embasamento científico e outras mais parecidas com uma simpatia daquelas que se popularizaram pela "boca a boca". Se entende hoje que dieta não funciona e pelo que vimos até agora nem preciso dizer o motivo, não é? Apesar de a dieta ser termo muito utilizado entre atletas de várias modalidades e fisiculturistas, não se encaixa exatamente na proposta que eles têm do que seria mais o caso de um ciclo alimentar voltado para performance. Assim como diversos suplementos, a alimentação desse público em específico não tem fator determinado com o objetivo de "alimentar", mas sim algo mais voltado para o desempenho, os nutrientes voltados a beneficiar seja no esporte ou na manutenção muscular. Um fisiculturista por exemplo quando está em período fora de competição, o chamado "*off season*", vai dizer que sua "dieta", terá um aumento de carboidratos, proteínas e gorduras. Ali os macronutrientes são aumentados de forma que ele consiga assim maior volume corporal com um estoque maior de energia que pode ser convertido em um volume maior de treino (treinar mais pesado à "grosso modo"). Nessa fase, um fisiculturista chega a consumir 10.000kcal dia e ganhar até 40% a mais de volume corporal. Mas aí é provável que se pergunte, *"mas isso não engorda?"* A resposta é sim, engorda e muito! Mas quando pensamos em um esporte de alto rendimento não estamos falando de "saúde" e sim performance. E isso todos os meus professores deixavam bem claro, sempre que perguntado; *"mas isso é saudável?"* *"Não vai fazer mal?"* E todos, sem exceção, diziam a mesma coisa. Esporte de alto rendimento não é saúde. É vencer! E é realidade que enfrentamos, nem tudo que vem do esporte pode ser utilizado. Quando pensamos em 10.000 kcal dia podemos até imaginar que um fisiculturista evita consumir muita "besteira". Sim, mas lembrando que o que comemos ajuda muito, principalmente se trocamos carboidratos simples por complexos, utilizamos gorduras boas e consumimos proteínas. Porém vale lembrar que o consumo deles é alto o gasto energético também, mas tudo que for em excesso será convertido em gordura. Claro que no meio do esporte de alto rendimento, outras substâncias são utilizadas para otimizar os ganhos, mas nem por isso se "escapar" do inevitável que é acúmulo de gordura corporal. O que será retirado em sua próxima fase a de *"cutting ou pré contest"*. E aí você vai me dizer isso pode ser chamado de dieta, podemos até utilizar esse termo, pensando em que serão manipulados os alimentos a fim de otimizar o objetivo, porém quando pensamos em emagrecimento isso NÃO existe, não existe dieta! Você pode até manipular seus macros nutrientes, comer mais carboidratos um dia, mais proteínas em outro, mas assim como exemplo citado, quando pensamos em dieta estamos colocando um determinado tempo um "ciclo" alimentar. E aí está o motivo de não existir dieta quando pensamos em perda de peso e emagrecimento. Dado que é um estilo de vida, não é possível fazer uma dieta já que o plano não é utilizar aquela alimentação apenas por um determinado período de tempo, mas sim aprender hábitos a se alimentar sempre daqui para frente, é o chamado Educação Alimentar, ou reeducação se for o caso. Seus hábitos alimentares vão mudar, a forma de enxergar a comida deve mudar. O alimento que te dá maior saciedade, mais energia, ajuda na flora intestinal como fibras, alimentos integrais por exemplo. Então é saber que de hoje em diante comer se tornou uma tarefa que sim será prazerosa, mas não por puro prazer! Mas para auxiliar no seu dia, no envelhecimento e na sua saúde.

É importante salientar que quando estamos começando a mudança de hábitos alimentares, nada pode ser de forma abrupta, nosso corpo é inteligente e vai lutar contra a quebra da homeostase. Um equilíbrio dinâmico e regulatório que é utilizado pelo nosso corpo a fim de manter "tudo funcionando", da melhor forma. Como já disse somos seres de hábitos, muitos pelos quais são regulados pelos hormônios, sinalizadores que desencadeiam reações. Quando começamos a mudar, nosso corpo começa a lutar contra a quebra desse "equilíbrio", é estilo o Neo contra a Matrix. Seu corpo manda respostas e muitas vezes mexe com seus sentimentos a fim de provocá-lo a "dar" o que ele precisa. Então aquela vontade louca de um doce bate a sua cabeça do nada você fica triste, nervoso, ansioso. Falando assim pode até lembrar TPM (tensão *pré-menstrual*), é bem parecido a diferença é que nesse caso o doce é porque seu corpo está sentindo que a glicose está baixando afinal de contas você está consumindo menos e o doce vai aumentar a glicose logo de cara. Aí você se dá por vencido, come um pedacinho de chocolate, logo o corpo te recompensa com endorfina que dá aquela sensação de prazer e felicidade. E sentir isso vai te fazer querer cada vez mais o chocolate vai parecer a razão do seu viver, ai que a coisa pega e a "dieta" vai para o saco, entendeu. Legal e você achando que era inteligente quando ensinou o seu pet a dar a patinha para ganhar um petisco não é verdade (*risos*). E não é apenas isso, você começou uma batalha com alguém muito poderoso, você mesmo. E pode ter certeza que "ele" sabe várias formas de te derrotar.

# Capítulo 10 - O inimigo oculto... Além da gordura abdominal, é claro!

E você achando que aquela frase que dizia que o maior inimigo não estava lá fora e sim dentro de você mesmo era coisa de provérbio chinês ou algo assim. Mas sinto lhe informar que faz parte da sua realidade agora. Treinar, comer bem e manter hábitos saudáveis talvez até fez parte da sua rotina por alguns momentos, mas agora que isso será sua vida, pode ter certeza que o seu organismo está achando tudo isso muito estranho. E aí já dizia Platão; "Vencer a si próprio é a maior das vitórias ".

Diferente do Capítulo 6, vamos falar agora sobre as reações adversas que o seu corpo vai ter a essa mudança. Tudo depende da forma que se alimentava, é claro. Nenhuma alimentação é totalmente igual, como dito no capítulo 0 não é porque uma pessoa tem sobrepeso que seus hábitos são ruins, porém hábitos ruins levam também ao sobrepeso. Seguindo esse pressuposto tem pessoas que se alimentam mal, porém têm preferências por doces como refrigerantes, chocolates, açúcares em excesso e frituras, já algumas pessoas se alimentam de forma ruim, às vezes comem uma única vez ao dia, uma quantidade exorbitante de comida, outras já ao contrário "beliscam" demais durante o dia. E não, como disse não existe dieta no emagrecimento, então essa de "ficar em jejum", pode funcionar para algum protocolo, mas não serve para o emagrecimento exatamente como expliquei no capítulo anterior. Eu tenho um amigo que não entendia muito bem o motivo pelo qual ele tinha excesso de peso. Ele era bem magro, mas muito magro mesmo. Depois de começar a trabalhar engordou rapidamente. Então ele começou a fazer caminhada "era uma corrida", saímos para caminhar e ele andando dava uma volta na gente fácil. Logo emagreceu rapidamente, era perceptível. Mas alguma coisa ainda travava a evolução do emagrecimento dele. Então um dia perguntei como era sua alimentação, e foi aí que logo matei a charada. O horário dele acordar era 4 horas da manhã, ficava em jejum e chegava no trabalho às 6 horas quando tomava o café, já que saia às 14 horas esperava chegar em casa para almoçar. Chegava, seu prato era literalmente uma das panelas, sua mãe preparava o almoço ele pegava tudo com uma concha se sentava ao sofá e com um litro de suco jogava tudo para dentro, terminado o almoço ia dormir e só acordava lá pelas tantas para tomar banho e se preparar para ir trabalhar no dia seguinte. Nem parecia que ele comia muito, mal comia besteira, era só alimentação básica, arroz, feijão e uma proteína. Mas porque então engordava tanto? É fácil entender e já falamos sobre isso. Pouco gasto calórico, consumo irregular pode até ser que ele não chegava a consumir tanto, mas a sua taxa metabólica basal tão baixo e metabolismo tão lento que fatores como produção hormonal eram provavelmente desregulados. Quando aumentado isso mesmo que apenas com a caminhada logo se via resultado. Mas a rotina para ele era tão marcada que logo parou com a caminhada. Provavelmente seu organismo estava tendo um gasto energético maior e ele se sentia mais cansado.

Possivelmente se tivesse alterado também a alimentação teria mantido a perda de peso.

Quando brinquei no título do capítulo sobre a gordura abdominal, não me referia diretamente sobre a gordura visceral que é entre os órgãos. Apesar de gordura visceral ser indicativo de risco cardíaco é uma realidade quando se está com sobrepeso, todo o processo de emagrecimento será de extrema relevância na perda dessa gordura. É importante salientar que a perda de peso e o emagrecimento vão trazer diversos benefícios estéticos, mas não deve ser a referência, lembre-se a perda de peso faz parte de um dos processos do seu novo estilo de vida e não deve ser a única parte a se considerar. Aliás falando em estética e gordura abdominal, quero responder a uma das perguntas que você pode estar se fazendo ou ter feito em algum momento e que ouço muito nas academias onde atuei; *"Como faço para perder barriga?!"* E não, essa não é uma resposta fácil. A circunferência abdominal diferente de outras partes do corpo não possui parte óssea, se você observar um esqueleto verá que entre abdominal temos a passagem da coluna vertebral, abaixo a cintura pélvica e acima a cintura escapular. Porém existe um complexo conjunto de músculos conhecidos hoje como "*Core*" que vai desde reto abdominal, oblíquos, infra abdominal e quadrado lombar. E apesar de atualmente existirem diversas formas, inclusive aulas inteiras para o treinamento do "*Core*", pouco se tem como ganho diretamente estético e eu vou explicar o porquê. Primeiro quero dizer que para uma qualidade estética corporal é necessário um programa alimentar adequado, uma boa qualidade muscular e uma baixa taxa de gordura, tudo que o programa tratado aqui para um novo estilo de vida, o estilo "*Fitness*" tem como objetivo e vai te levar a conquistar. Ocasionalmente no processo pode ser que você perceba essas mudanças então é importante esclarecer. Quando trabalhamos o "*Core*" o pensamento que se tem é de um ganho estético como uma barriga "tanquinho", ou bem definida sem gordura, mas o treinamento em si tem como objetivo real o fortalecimento. Se levar em consideração que estamos falando de grande parte do tronco, a ideia é mobilidade, girar, abaixar, estender. Então a cintura abdominal tem seus músculos como estabilizadores, bem fortalecidos dificilmente sofrerá de dores, principalmente pois a coluna está revestida e tem que ser protegida nessa "mobilidade". Diferente dos locais do corpo como a clavícula ou no como muitos chamam a "saboneteira", com partes ósseas bem salientadas e que vão ser mais visíveis rapidamente, a parede abdominal mesmo bem fortalecida e desenvolvida pode não ser facilmente visível, um desses motivos é o depósito centralizado da gordura. Grande parte da gordura é acumulada na região abdominal, mesmo que para mulheres o depósito principal seja o quadril e as coxas, inevitavelmente terá também um depósito abdominal. Essa gordura ela pode vir de algumas formas como flácida e maleável, quando se começa a emagrecer pode se perceber muito isso, pois além da gordura também existe a retenção líquida que é uma camada bem espessa também atrapalha a visualização dos músculos. Outra forma é a gordura rígida, essa é a de maior risco, uma porque é provavelmente formada pela gordura visceral a que abordamos lá no começo, localizada atrás da musculatura abdominal empurrando-a para frente. A um outro motivo de se ter uma "barriga" saliente, que é o caso de quem come muita quantidade de comida ou tomar muito líquido principalmente alcóolico que é a dilatação abdominal. Esse é interessante pois no fisiculturismo antigamente se via muito isso, abdômen extremamente definido mas bem dilatado, um dos motivos era a alimentação como já citado os outros são voltados aos hormônios mais "famosos" utilizados da época, hoje além de uma quantidade gigantesca de produtos disponíveis a linha de cintura do fisiculturismo voltou a ser mais "valorizada" e até se usam "cintas", para tentar controlar a dilatação abdominal. Ter um abdômen bem definido não é tarefa fácil, requer muito mais que a perda de peso e o emagrecimento, muitas vezes um simples consumo excessivo de sódio pode levar a um "inchaço", então tome cuidado na hora de definir suas metas, não é impossível conseguir longe disso, mas vai requerer uma abordagem um pouco diferente, treinos e alimentação específicos para isso. Perca peso e emagreça sem se cobrar sobre isso, como disse antes, não é a balança que vai dizer se realmente está tendo resultados a "barriga tanquinho" também não.

# Capítulo 11 - O treino para perda de peso e emagrecimento

Um dos principais pontos aqui levantados é o treinamento como obrigatório no processo de emagrecimento. Eu como profissional de Educação Física, mas também como um apaixonado pelo treinamento de força popularmente a musculação sempre irei indicar como solução direta, porém dentro do meu papel profissional entendo que muita das vezes sair do sedentarismo e colocar obrigatoriamente como rotina uma atividade em sua maior parte monótona, que exige efetuar a mesma função repetidas vezes em pró de gerar dor não é exatamente a coisa mais fácil a se aceitar, muito menos rotineiramente no seu dia a dia. Particularmente tenho uma porção de colegas que apesar de entenderem e já até terem aproveitado dos benefícios da musculação não se adaptam de forma alguma com a academia. Assim como as outras situações levantadas tanto a parte psicológica como a social irão afetar diretamente o gosto pela musculação ou não. Eu posso dizer que você deve ser insistente e aprender a gostar daquilo, pois assim será muito mais prazeroso. O treinamento de força ou musculação se preferir, tem aspectos prós como a liberação endorfina que estimula sensação de prazer, a mesma de quando você come algo como um chocolate por exemplo e também aspectos positivos sociais como dentro de uma academia você interage e socializa com outras diversas pessoas com o mesmo objetivo ou objetivos diferentes. As aulas coletivas como aulas de dança e hidroginástica por exemplo possui um público extenso, principalmente com idosos. Muitas das vezes a pedido médico, mas o idoso em especial gosta de socializar e essas aulas estimulam a socialização. Se mesmo dessa forma não se sentiu estimulado a se matricular na academia, posso dizer que existem outras diversas formas de treinamento físico, tanto de força ou aeróbico o como crossfit, cross training, treinamento funcional, bike indoor, ginástica, danças e até a calistenia que usa do peso do corpo e de ambientes ao ar livre para treino. Como perda de peso e emagrecimento atividades que usam métodos Hiit (treinamento intervalado de alta intensidade), são excelentes tanto para o indivíduo que está iniciando e tem dificuldades com a monotonia da musculação, quanto aqueles que sentem mais à vontade em um grupo menor de pessoas e uma aula mais focada e direcionada em um curto período de tempo que vai de 40 min a 1 hora no máximo. O Hiit é um método muito utilizado nos treinamentos funcionais ou *cross training's* que aliás estouraram de estúdio pelas suas facilidades como baixo custo de montagem e um método que prometia resultados em pouco tempo. Sim, estudos científicos mostram que o Hiit é muito eficaz para perda de peso. Alternar entre uma alta intensidade e uma baixa intensidade acelera o metabolismo e traz diversos benefícios desde que respeitados os limites de cada um, e aí que eu digo o acompanhamento de um profissional qualificado é de sumo importância na aplicação do treino pois em uma aula onde você possui 5 alunos e pelo menos 3 desses são super condicionados existe uma grande possibilidade de levar o aluno não condicionado a um sobre *overtraining* no qual pode causar e lesões ou até um abrupto mal súbito. É muito bonito dizer "supere" seus limites, mas sempre com segurança. Quando me dizem que o crossfit lesiona muito, sempre costumo explicar que o crossfit é um programa de treinamento criado a partir de um treinamento militar que mistura técnicas de powerlifting como levantamento olímpico, levantamento terra. agachamentos e a calistenia tudo isso em uma aula com metodologia Hiit. Apesar de todo um processo de aprendizagem aplicado para se começar a praticar, quando falamos de *powerlifting* a técnica utilizada é a potência (força + velocidade), para executar os movimentos e levantar as cargas desejadas, o que acaba sendo erro é que em um treino de potência poucos movimentos são feitos, a partir do momento em que se perde a técnica ou o movimento se torna mais lento, não é mais potência mas sim resistência de força. E o que vemos nessas aulas é repetidas vezes assim como na musculação até o ponto de exaustão. Quando trabalhamos com treino de força diversas técnicas são usadas, como a pré exaustão, repetições forçadas em exaustão máxima, não utiliza potência, mas resistência de força, como disse o movimento é cadenciado. Quando se força um movimento de potência onde existe um sobrepeso no momento que o músculo está exaurido, qualquer erro mesmo que mínimo na execução pode sobrecarregar as articulações. E isso irá causar lesões. Ah, mas também existem lesões na musculação. Sim, principalmente quando falamos do fisiculturismo. O que acredito é no princípio da sobrecarga, quer dizer, você tem sim que treinar acima do que você aguenta para gerar uma evolução contínua, lembrando que todo estímulo gera adaptação, mas o estímulo de sobrecarga sobre o músculo gera maior adaptação, maior crescimento da muscular, força e resistência. Só que entenda bem, não quer dizer que eu vou chegar na academia pegar 100 kg em um supino reto, quer dizer que se eu consigo confortavelmente executar 10 repetições supino com 10 kg de cada lado, aumento para 15 kg de cada lado e tento efetuar as 10 repetições. O que eu digo aos meus alunos é que se as repetições com esse peso passem de 15, então aumenta. Se chegar a 10, 12 de forma a sentir a contração muscular forte aquele "queimar", então o peso está bom. Existem diversas formas de gerenciar o peso que se deve utilizar, porém com poucos recursos na academia o interessante é se trabalhar com a percepção subjetiva do esforço, requer entender que o peso está confortável ou não fisiologicamente, o que deve ser trabalhado pois sabemos que fator psicológico pode afetar no resultado.

Legal, mas depois de todas as informações como devo treinar o que devo fazer? Como seria o treino. Primeiro logo te digo, cada treino é individual e parte do princípio do objetivo, como nosso aqui é perda de peso e emagrecimento o ideal é partir da seguinte ideia: treinos que envolvam cardiovascular (aeróbicos), com a musculação. E tem que levar em consideração o quanto tempo eu tenho de treino no dia, qual horário que pretende ou tem disponível para treinar e quantas vezes por dia se pretende treinar. Eu gosto de acordar e fazer o meu "aeróbico", mas isso porque tenho um elíptico em casa, se fosse para "correr" na rua, claro que hoje minha rotina se enquadra, mas muitas vezes já tive que fazer os dois musculação e aeróbico em uma única janela de tempo. Se somente tenho um horário para treinar o que faço primeiro, simples a musculação. O treino de força vai te exigir tanto empenho quanto a parte do "aeróbico", apesar de um treino de musculação utilizar energia anaeróbica que será energia rápida gerada e utilizada para levantar os "pesos", quando somado à exaustão muscular dos exercícios é alto seguido de um exercício de intensidade moderada de forma contínua como uma esteira ou um elíptico você otimiza o processo do uso de energia advinda da gordura. Ou até mesmo o Hiit pode ser feito, sempre respeitando os seus limites. Outra parte é seguir o protocolo de treinamento, técnicas mais complexas devem ser introduzidas ao longo do tempo. Isso porque quando usamos técnicas de exaustão muscular tem que se levar em conta a evolução dessa musculatura, tendões e ligamentos. Quando começamos a treinar logo ganhamos muita força. Isso porque como já dito antes nosso corpo é muito inteligente e sempre que poupar o máximo de energia. Então para que ele iria utilizar todas as fibras musculares para executar poucas funções? Usar e manter músculos é "caro" para nosso organismo, então quando somos sedentários usamos apenas o necessário. Agora que estamos estimulando o corpo com uma sobrecarga, logo é sinalizado "opa peraí preciso levantar aquele peso, melhor colocar mais fibras para trabalhar". E assim que funciona então o ganho de força é abrupto, sempre digo aos alunos tenha calma e melhor aprender a técnica agora não se preocupe em pegar muito peso, logo vai ganhar bastante força. E depois? Quando minhas fibras estiverem todas ativadas eu vou ser o Superman? Não, aí seu corpo começa um processo chamado de Hipertrofia o aumento do tamanho da fibra muscular, isso com a baixa taxa de gordura vai te dar aquela aparência Fitness é isso aí parabéns vou ficar "sheipado".

O importante também é saber lidar dia a dia. Tem dias melhores que estamos bem, energia lá em cima. Nesse dia tem que se aproveitar e treinar mais pesado sim, pois dias mais difíceis virão e nesses dias já vai ser difícil chegar até a academia.

Para finalizar, apesar de ser legal ser "old School" "treinar hardcore", a biomecânica hoje é muito avançada então não se preocupe em usar todas as máquinas da academia, não é que o peso livre seja mais avançado não, certo que o controle corporal seja mais exigido nos pesos livres mas usar máquinas não irá atrapalhar em nada, pelo contrário muito ajudam a evoluir em termos de carga e ganho de amplitude. E sempre não importa onde treine, sempre aqueça antes de começar, isso vai ajudar a "lubrificar" as articulações e preparar o corpo para o treinamento.    Agora quanto a o que treinar quais exercícios utilizar, não tenha vergonha de conversar com o seu professor da sua academia ele está apto a te prescrever o seu treino, caso treine ao ar livre ou em um condomínio por exemplo hoje existe também a consultoria ou assessoria online e o mais conhecido serviço de Personal Trainer, mas  mesmo assim ainda tem dúvidas ou não possui recursos para isso, aí vão algumas dicas; O que digo sempre é o básico bem feito dá resultados excepcionais. Sempre dê ênfase aos exercícios Multiarticulares (mais que uma articulação), utilizam mais músculos auxiliares e garantem um bom gasto energético, existem muitos treinos eficazes que são feitos apenas com supino, agachamento e levantamento Terra. Consuma carboidratos antes do treino, para ter energia. Elípticos são excelentes para um aeróbico de leve a moderado e não sobrecarregam a articulação do joelho. Correr na esteira sempre pode ser uma ótima maneira para perder peso, mas vários equipamentos vão auxiliar para seu corpo não se "acostumar" com o estímulo. Tire pelo menos um dia de descanso total na semana. Não se preocupe em treinar o "corpo" todo inicialmente (alguns músculos são sinergistas e auxiliam no movimento de outros ativamente), mas evite treinar mesmo músculo em dias seguidos (é necessário até 48hrs para recuperação). O músculo pode até não saber contar, mas evite fazer menos de 10 repetições para cada série (nas duas últimas já bem ofegante). Concentre-se o estímulo é neuromuscular, um impulso nervoso é enviado para o músculo estimulando a contração, correr ouvindo música pode até ser legal, agora ler um livro, ver uma série não é um problema mas vai por mim, todo estímulo gera adaptação mas uma hora na esteira lendo um jornal não vai te dar a mesma qualidade que uma hora concentrado no exercício, é um sacrifício que necessário, o foco total tanto na musculação quanto no aeróbico faz diferença.

# Capítulo 12 - Além de Coragem. O que devo tomar?

Há hoje no mercado um produto para cada tipo de público, seja lá você vegano ou cervejeiro, adepto da comida japonesa ou anti- glúten. Não seria diferente para o emagrecimento não é mesmo. Sessões light ou diet, *low carb* ou zero tudo não faltam para o público "*Fatness*". Incrível como tudo se vende, Shakes mata fome, doces que não engordam, receitas milagrosas de produtos "Naturais" e claro fármacos proibidos vendidos sob prescrição médica. Não poderia deixar de citar sobretudo hoje a solução mais divulgada no momento, a cirurgia bariátrica, um assunto até que certo ponto polêmico a ser abordado.

Apesar de a perda de peso e emagrecimento ser muitas vezes extremamente difícil e sacrificante, temos que entender que é de cunho pessoal onde "Cada um sabe o peso da cruz que carrega". Muitas das vezes o processo é tão profundo e exaustivo que pode gerar até uma depressão. Então é importante saber não julgar as atitudes, os caminhos e as decisões que cada um toma. Digo isso pois em um momento da minha vida já fui contestado sobre o que eu estava fazendo e porque não estava emagrecendo e que a única solução para que minha vida não fosse curta seria uma cirurgia bariátrica. E pode até soar ignorância, mas para mim um Profissional de Educação Física isso era impensável. Digo isso pois sabemos que é um excelente método para perda de peso, porém para alguém que veste a bandeira do acreditar e motivar pessoas a perder peso e emagrecer com treinamento, alimentação e qualidade de vida, não faria sentido optar por uma cirurgia. É preciso entendermos que as soluções são de acordo com os problemas, a cirurgia sim é uma opção extremamente válida, mas sabemos que para um público restrito que muitas vezes precisa até chegar a emagrecer para realizar, nesse cenário sou totalmente a favor. Agora vendido como um produto de solução de vida, que vai resolver seus problemas, acredito que não, até porque conheço diversas pessoas que emagreceram e voltaram a engordar. Entenda, uma coisa é implantar um novo estilo de vida com novas ideias, novos conceitos e rotinas, outra é impor fisiologicamente algo que vai limitar a capacidade do seu corpo de forma abrupta. Eu me pergunto se para todas aquelas pessoas que foram ofertadas no mesmo local que passei, mas as que aceitaram, se todo o trabalho psicológico e medicamentoso fosse feito, mas sem a realização da cirurgia será que as pessoas talvez não iriam emagrecer? Pois para quem nunca pesquisou sobre o assunto é feito antes todo um trabalho multidisciplinar, outros médicos e até psicólogos fazem um trabalho com o indivíduo que será operado. E como um medicamento ou até alimentação, usar isso como algo que vai te trazer resultados e proporcionar alcançar o seu objetivo pode ser uma muleta muito cara, quando retirada vai te fazer voltar a aprender a andar de forma muito mais difícil. Digo isso porque não somente pelo exemplo do aluno com os shakes, mas também como todo o qualquer outra coisa que é vendida no mercado e acaba servindo como a motivação principal para o ganho de resultados, seja um medicamento pois sabemos que uma hora seu corpo irá se tornar resistente a substância ou até mesmo por um alimento ou suplementação. É como fumar, como disse, fumei por muitos anos da minha vida, parava e voltava. A questão é que gostava de fumar, aquela sensação de tragar e soltar a fumaça me acalmava, mas era quando estava andando do ônibus para faculdade, quando chegava no shopping e minha esposa tinha que esperar eu fumar, depois de tomar café. E eu pensava se um dia eu parar vai até me desanimar ir pegar um ônibus, pois ir fumando era minha motivação. Vê como muitas das vezes usamos muletas para nos carregar, e isso fica tão profundamente implantado que se tem medo de não ser capaz de realizar a tarefa por falta daquilo. E olha que já ouvi muito isso; *"Olha professor não estou treinando direito porque estou sem suplementar"*. Isso quando não é pior né. A real é que o mercado vende muitas coisas que sim auxiliam e podem ser exploradas e utilizadas, mas para seus devidos fins e para cada momento.

Um dos documentários que mais me marcaram além do famoso "A dieta do palhaço" (Super Size Me, 2004), e olha que nem foi por ele só comer "*fast food*", mas sim pelo estilo de vida "Americano", que estávamos adotando e poderia até ser pior. Foi o "A batalha dos 80" da Jabaculê filmes. Seguindo os moldes Pumping Iron, o documentário aborda a preparação de atletas de para o Mr. Rio na categoria até 80Kg seus estilos de vida e dificuldades para chegar até lá. Muitos são famosos até hoje, como Paulo Muzy, médico bem-sucedido e atleta de fisiculturismo, ele conta uma situação que aconteceu em seu consultório, inclusive ele repete isso diversas entrevistas não é difícil de encontrar. Muzy diz que em uma consulta o paciente chegou e logo disse que estava ali pois já sabia comer, já sabia treinar e só precisava mesmo e que ele (Muzy), prescreve algo pesado para ele "crescer". É engraçado a forma como ele conta, pois ele diz que olhou para o rapaz ali na frente dele e disse "você já tomou uma colher de chumbo?" É lógico que o garoto achou aquilo um absurdo e o Muzy disse "você senta na minha frente, diz que sabe treinar, sabe comer, não tem mais que 35 cm de braço então porque não começa?". Isso é apenas um retrato que temos na sociedade. A fórmula mágica que ninguém conta pra ninguém. Às vezes o processo é tão simples, mas tão difícil de se seguir, ou se espera um resultado tão mais rápido do que se tem a paciência de executar que é mais simples acreditar em medicamentos incríveis para a perda de gordura e ganho de massa muscular, do que na básica alimentação balanceada e treino.

A primeira coisa que tem que se entender é que nenhum medicamento vai te dar o resultado de forma a não te cobrar um preço. O que temos hoje no mercado é em resumo, ou um supressor de apetite que vai aliviar a sua fome, mas que não vai te ensinar a controlar ela, o que suspendendo o uso nada vai mudar e você vai ganhar o dobro ou mais. Outra solução são os anti-ansiolíticos e antidepressivos, que vão diminuir a sua ansiedade por consequência você vai comer menos. Mas é para a vida toda e quanto menos efeito ele fizer mais você vai comer e engordar. Outra solução mais simples são os diuréticos, mas tão rapidamente você tira do corpo o líquido retido sem que isso seja feito pela hidratação natural com consumo adequado de água, ele vai reter o dobro.

Em resumo, nosso corpo funciona com feedbacks positivos e negativos para manter seu equilíbrio. Tudo que eu retiro dele forçadamente, o corpo irá dar um "jeito" de repor e quando ele repõe é o que perdeu e um pouco mais para não acontecer "novamente". Mas então como evitar isso? De forma "orgânica". Se levarmos em consideração tudo tem que ser feito da forma mais natural possível, então se nós comemos mal, temos que reaprender a comer, aprender a controlar o apetite, melhorar os alimentos consumidos, beber mais água. Entender como nosso corpo reage às quantidades de alimentos e as "qualidades" dos mesmos. Nós brasileiros temos uma grande vantagem, nossos pratos são bem balanceados, no geral arroz e feijão (carboidratos e nutrientes), e uma proteína, seja frango, carne, peixe ou ovos e em alguns lugares até mais como batatas, saladas entre outros. O que equilibra muito o jogo.

Agora, quando pensamos que nossa rotina ou as quantidades consumidas se tornam insuficientes para o objetivo, temos aí uma grande gama de suplementos alimentares disponíveis no mercado para suprir isso. Eu particularmente faço uso de poucos suplementos como um *Whey Protein*, proteína do soro do leite vendida de diversas formas como isolada (sem ou com mínimo de carboidrato), hidrolisada de digestão mais rápida e o concentrado que pode ter mais carboidratos. A cafeína, um estimulante natural muito utilizado no pré treino, auxilia na *performance*, vamos dizer que dá aquele "gás" que às vezes a rotina tira de você e o treino não rende além de outros benefícios como efeito termogênico, mas tem que ser administrado com cuidado para quem tem problemas cardíacos como a pressão alta por exemplo. Creatina, excelente, mas para aqueles treinos "pesados". E multivitamínicos que são muito bons para suprir o que nosso corpo precisa e às vezes falta, ótimo para imunidade. Vou ser bem sincero na categoria de suplementação já usei de quase tudo. Mas para mim esses são os essenciais quando falamos de perda de peso e ganho de massa muscular. O que para mim outros suplementos como BCAA (aminoácidos de cadeia ramificada), Glutamina, Picolinato de Cromo e mais alguns a lista é imensa, são de pouco efeito ou de muito investimento e até mesmo para outros objetivos.

# Capítulo 13 - O treinamento

Muito do que venho pregando nesse guia é que o treinamento sendo ele um conjunto de aeróbico e musculação é base essencial para a perda de peso e ganho de massa muscular. Porém muito se tem sobre como fazer isso de forma a ter o máximo de resultados.

Na minha experiência em sala de academia quando pensamos em praticantes de musculação que já fazem isso a seja um, dois ou até mesmo 10 a 20 anos é que existe uma grande barreira entre o professor e os conhecidos "marombeiros". Em geral a alegação é a mesma: eu sei treinar. Porém o que seria "treinar", uma reprodução de uma série de exercícios? Uma mesclagem de algum programa de treinamento que lá no seu início deu um resultado interessante e assim é reproduzido assiduamente em todo esse tempo? Não exatamente.

Quando pensamos em treinamento temos que levar em consideração um dos pilares da fisiologia humana, a individualidade biológica, e o que isso quer dizer? Quer dizer que o mesmo programa de treinamento pode ser excelente para um indivíduo e totalmente descartável para outros.  De forma técnica temos que considerar que apesar de fisiologicamente todos sermos iguais, nossas funções e organismos funcionam com respostas diferentes aos estímulos, isso devido a nossa carga genética, cultura e experiências e estilo de vida. Assim quando abordamos o treinamento, apesar de um Supino com barra dê uma excelente qualidade muscular de peitoral para um indivíduo, o mesmo Supino pode dar uma resposta mínima para o outro, mas porque então todas as fichas de exercícios na academia seguem com os mesmos exercícios e muitas vezes mudam apenas as sequências? É simples de entender, tudo é meio que comercial e logístico. É muito mais fácil conseguir montar uma academia com máquinas específicas do que um programa de treinamento em escala para atender a individualidade biológica para cada um dos indivíduos. O que não significa também que um Supino não vai dar resultado para por exemplo um terceiro indivíduo. Simplificando tudo isso, o que quero dizer é que existem certos "padrões" de movimento e com isso temos de pensar aquilo que eu disse lá no início onde todo estímulo gera adaptação. Então se você prescreve Supino reto com barra para 10 indivíduos, 9 deles podem ter de 0 a 50% de crescimento de peitoral por exemplo e um ter 100% de resultado. Isso explica o porquê na academia você vê aquela pessoa que tem um bíceps gigante, ou um peitoral gigante, mas tem poucos quadríceps ou não tem nada de tríceps. Se os 10 indivíduos tivessem cada um seu treinador, com certeza não apenas um teria 100% de desenvolvimento da musculatura do peitoral, mas sim todos teriam, pois, cada treinador iria trabalhar o seu aluno de formas diferentes, usando o Supino? Provavelmente, mas com um método que ele percebesse que o aproveitamento era muito maior. Quando pensamos em treinamento temos que pensar que estudos científicos mostram resultados variados com um "x" de público utilizado uma técnica "x", mas que esse mesmo estudo têm uma margem de erro, foi utilizado um grupo específico e uma "média" de resultado. Se não fosse assim, bastasse todo mundo fazer a mesma coisa e teria o mesmo resultado. Assim os campeonatos de fisiculturismo não iriam existir pois todo mundo igual não seria uma competição e sim um desfile. Apesar de conheço muito Doutor (estudioso que possui doutorado), por aí que ache assim, mas aí fica para um outro debate.

Um outro ponto importante é que se considerarmos as afirmações anteriores, relação a estilo de vida e cultura, ao decorrer da vida, temos momentos diferentes, isso também influencia diretamente nos resultados e estímulos do treino. Isso tudo tem que ser considerado, por isso existe a chamada Periodização, onde são criados "ambientes" diferentes de treinamento para cada período do indivíduo. Isso tudo sem pensar que nosso corpo está sempre buscando um "equilíbrio" e que o estímulo pregado já não fará efeito ou pouco trará adaptações.

Isso seria motivo suficiente para você buscar um treinador para você, porém aí vão algumas dicas a se considerar;

- Para perda de peso e ganho de massa muscular, aconselho aeróbico todos os dias pelo menos 5x na semana. Antes ou depois da musculação? Depende, se seu treino for os dois juntos, faça o aeróbico depois da musculação. Se não, interessante é fazer com um intervalo de tempo entre um e outro.
- A musculação é a base para manter e aumentar a massa muscular, sem esse estímulo seu corpo vai utilizar a massa

magra como energia e você vai perder peso, mas não gordura.

- De preferência a exercícios multi-articulares. Maior recrutamento de fibras, maior gasto energético. Músculos menores podem ser treinados em um outro momento.
- Abdominal não é tão relevante, vai ajudar no fortalecimento do tronco, mas quem queima gordura seja ela onde for é o conjunto treino e dieta.
- Por último e não menos importante, perceba o momento de mudar os seus exercícios, não adianta ficar a vida toda fazendo a mesma coisa só porque um dia você teve resultado daquele jeito.

E se for para treinar, treine com vontade e com acompanhamento de um profissional (acessa lá meu site, tenho preços ótimos na consultoria). Lembre-se até o melhor atleta tem seu técnico.

# Capítulo 14 – Do *Fatness* ao *Bodybuilding*. Porque temos tanto a aprender com esses gigantes

Que cara nunca viu um filme do *Arnold Schwarzenegger* e Sylvester *Stallone* ou até mesmo do *Van Damme* quando criança e não pensou "caramba um dia quero ser igual esse cara". Nos dias de hoje com internet e tudo até acredito, mas antigamente não havia um que não pensasse assim. Claro que logo que você chegava na academia para treinar e via aquele monte de peso e aqueles caras gigantes logo vinha a cabeça, mas aonde eu me meti! Isso quando nas paredes não tinha as fotos de *Ronnie Coleman* ou nas tvs os vídeos *Dorian Yates* como *Blood and Guts*, ai sua vontade que era só ganhar um físico legal para andar sem camisa na praia se transforma num estilo de vida que sua mãe abominava e falava que era coisa de gente doida.

É incrível pensar como as coisas evoluíram, e hoje você tem como acompanhar a vida de um atleta pela internet de uma forma nunca pensada. Mas a internet também causou um alvoroço no comportamento das pessoas, da forma que o que antes parecia "segredos de uma comunidade fechada", hoje se encontra em posts praticamente mastigados. Mas que pouco se é aproveitado e o mundo que se quer saber e qual a "mágica" por trás. Ou até mesmo como tomar aquele esteroide anabolizante que todo mundo tá falando e que vai te deixar "grandão", comendo x-burguer todo dia igual aquele youtuber lá famoso. Então descarta o bom e se joga o ruim pra dentro, isso sim vai dar resultado. Porque como dizem os marombas né "eu sei treinar, eu sei comer, o que me falta eu só não cresço porque não estou tomando G.H com insulina igual o bombado ali."

O que pouco se leva em consideração hoje foi o tanto de informação e portas que se abriram com a internet, hoje percebemos que os maiores atletas de fisiculturismo que temos são mulheres, que já somam mais participações no Olympia que os homens, que existem vários formatos de fisiculturistas e que isso está mais para um estilo de vida que necessariamente precisa competir. Que esteroides anabolizantes (e isso confesso que até eu errei e muito anteriormente), são para alavancar performance, mas que pouco ou nada vai adiantar se sua taxa de gordura for acima dos 12% para homens e 10% para mulheres e o seu treino não for "*Hardcore*", e quando digo isso é treino com peso mesmo, séries gigantescas com repetições até a falha, surreal. E claro vai te causar lesões, dores e muitas sequelas. Afinal de contas estamos falando de um esporte de alto rendimento, não é saúde, por mais que muitas pessoas acabem por pensar em benefícios estéticos pois quando falamos de físico sempre caímos na velha questão do ego.

Porém apesar dos pesares temos muito a aprender com o fisiculturismo. O principal é como ter tanto foco em dietas tão radicais e saber entender o seu corpo de forma a cada treino, cada alimentação ser praticamente uma manobra para alcançar o físico competitivo. Como ganhar tanta massa em tão pouco tempo depois de manter os músculos e eliminar a gordura. O Fisiculturismo pode ser o esporte mais próximo do estético do que do competitivo, mas exige tanto quanto qualquer outro esporte, a diferença é que quando assistimos a um futebol ou uma corrida, vemos a performance através da execução do esforço como o estímulo efetuado para conquistar a vitória, quando no fisiculturismo o atleta tem toda sua performance executada ali diariamente para no fim mostrar o resultado, o que acaba sendo muito sacrificante e pouco reconhecido por aqueles que não veem o suor escorrer, ou a dor caracterizada por uma feição cansada. E sim um ser sorridente com físico diferenciado cheio de músculos.

Quando pensei em perder peso pela primeira vez, nunca tive vontade de ser magro e sim grande. O problema é que a informação nunca foi um privilégio para os gordinhos, até mesmo nos dias de hoje quando vemos entrevistas dos renomados atletas de fisiculturismo a história e a mesma "eu era muito magro por isso entrei na academia", quase ou pouco se tem o histórico de um gordinho que se transformou para se tornar um fisiculturista de destaque. Mas posso afirmar pela minha vivência pessoal e experiência profissional, que sempre que olho um cara magro levantando peso ali na academia penso no sofrimento que esse indivíduo vai passar para ganhar massa muscular. O corpo de uma pessoa com sobrepeso, apesar de muita gordura tem lá seus privilégios, ao mesmo que ganhamos massa gorda, ganhamos massa magra. Estruturalmente temos melhor desenvolvimento muscular, o difícil para nós é vencer a fome e a ansiedade, para regularmos a alimentação e assim perder peso sem sacrificar tanta massa muscular. O que para uma pessoa magra é muito mais difícil, muitas vezes a quantidade de alimento tem que ser surreal, e não ache que não irá ganhar barriga, que a não ser que tenha uma genética privilegiada para abdômen, o consumo de alimentos causa dilatação abdominal. Por isso muitos tem o que chamamos de "shape de Praia", aquele físico definido que destaca em algumas áreas mais privilegiadas pela genética, mas muito carente em outras. A vantagem é sempre os esteróides anabolizantes, que como dito anteriormente se dá por vantagem para aquele que tem taxa de gordura baixa, mas isso vou dizer é muito subjetivo. Se o indivíduo não souber treinar, periodizar e comer direito, além de treinar muito, o resultado em ganhos vai ser baixo, o que para ele vai dar uma boa diferença, claro! Mas no geral, muito vai se perder se não manter o "estimulo", por muito tempo, o que muitos não aguentam por ser muito sacrificante e alto financeiramente.

Para todos que têm sobrepeso, o melhor é seguir o fisiculturismo pela sua cultura e o "*Mindset*", apresentado. A mente para aquele que quer perder peso e ganhar massa muscular vai fazer toda a diferença, em todos os aspectos, desde controlar sua ansiedade, se motivar a todos os dias lutar contra aquilo que seu corpo lhe impôs e transformar seu estilo de vida.

## Capítulo 15 – O fim para este livro, mas um novo começo para você

Como tudo na vida, algo acaba para um outro algo se comece. Espero que com toda essa experiência compartilhada na forma que aqui está, seja o início para o seu novo caminho. Através das palavras pude colocar um pouco do sentimento que acredito existir no coração de cada um que sofre com o sobrepeso e um dia sonha chegar a um físico legal, saudável e que proporcione experiência física, psíquica e social positivas e de se orgulhar.

Como disse antes, estar gordo não é doença e nem algo para se discriminar, mas a obesidade sim é uma doença e destrói não só o físico, mas o emocional, o social e o psicológico. Estar com sobrepeso muitas vezes te atinge em pontos que nunca imaginou que iria atingir.

Creio que com tudo que relatei aqui hoje realizei mais uma de minhas tantas missões de vida que é ajudar pessoas a alcançarem a qualidade de vida e um novo *lifestyle*, mais positivo, mais motivador, mais pessoal e que acreditar em si mesmo é o que fará diferença seja o que desejar para sua vida.

Deixo aqui os meus agradecimentos a você que acreditou em minhas palavras e consumiu pela leitura esse compilado de experiências e conhecimentos até o final. Que acreditou no meu trabalho e leu até o fim este livro. A você o meu Muito Obrigado de Coração.

siga-me no instagram @almirandradepersonal
site: www.almirandradepersonal.com.br

www.ingramcontent.com/pod-product-compliance
Lightning Source LLC
Chambersburg PA
CBHW051255160726
47994CB00003B/1175